현실 팀장의 일상 리더십

나는 (***) 팀장이다

현실 **팀장의 일상 리더십**

초판 1쇄 인쇄 2020년 02월 13일
초판 7쇄 발행 2023년 01월 30일

지은이 박진한·유경철·나영주·정경희·서인수·박해룡·백신영·김우재·이재형
펴낸이 최익성
편집 유지은
마케팅 임동건, 임주성,이유림, 김민숙
경영지원 이순미, 신현아, 임정혁

펴낸곳 플랜비디자인
디자인 올컨텐츠그룹

출판등록 제2016-000001호
주소 경기도 화성시 동탄첨단산업1로 27 A동 3210호
전화 031-8050-0508
팩스 02-2179-8994
이메일 planbdesigncompany@gmail.com
ISBN 979-11-89580-25-4 03320

※ 이 도서의 국립중앙도서관 출판예정도서목록(CIP)은 서지정보유통지원시스템 홈페이지(http://seoji.nl.go.kr)와
　 국가자료종합목록 구축시스템(http://kolis-net.nl.go.kr)에서 이용하실 수 있습니다. (CIP제어번호 : CIP2020004093)

현실 팀장의 일상 리더십

나는 (***) 팀장이다

박진한 · 유경철 · 나영주 · 정경희 · 서인수
박해룡 · 백신영 · 김우재 · 이재형

PlanB DESIGN 플랜비디자인

혼란의 시대, 팀장의 리더십을 응원합니다

'AI의 시대, 4차 산업혁명, Z 세대들의 등장'

이렇듯 세상이 급격히 변화하면서 이제는 우리가 믿고 있던 리더십이라는 것이 너무 진부한 것이 아닌가 싶은 생각마저 듭니다. 그런데도 리더십이 중요한 것은 결국 조직의 명운을 결정하는 것이 바로 리더이기 때문입니다. 경영 환경이 어려워질수록 조직은 리더, 리더십이 중요하다고 여깁니다. 어쩌면 '기업의 성패가 리더의 어깨에 달려있다'고 믿는 것인지도 모릅니다.

'조직에서 리더는 왜 중요한가? 도대체 리더십이 무엇이기에 사람들은 리더십에 집중하는가?'

리더십에 대한 정의를 내린다면 모든 학자, 리더들마다 정의가 다를 정도로 다양하게 나옵니다. 그중에서 세계의 모든 리더십 논문을 정리하는 학자로 유명한 게리 유클(Gary Yukl)은 "리더십이란 무엇을 해야 하고 그것을 어떻게 할 것인가를 이해하고 합의하도록 타인에게 영향을 미치는 과정이며, 공유된 목표를 달성하기 위해 개인 및 집합적 노력을 촉진하는 과정이다."라고 말합니다.

그만큼 리더는 자신이 무엇을 해야 할지 알아야 하며, 공유된 목표를 달성하기 위해 긍정적인 영향력을 미치는 것이 중요합니다. 조직에서 일어나는 수많은 문제에 직면하며 결국 스스로 문제를 해결해야 하기 때문입니다.

이 책을 기획하면서 저자들이 고민한 것은 '어떤 이론을 소개하느냐가 아니라 어떻게 철저하게 현장 중심의 리더십을 담아내는가'였습니다. 특히 팀장, 이제 막 팀장이 된 이들이 이 책을 읽고 무릎을 '탁' 치는 혜안을 갖길 바랐습니다. 단지 9명 저자들의 생각을 써 내려가는 것이 아니라 우리가 팀장이었을 때, 팀장들과 함께 교육했을 때 나왔던 수많은 문제에 대해, 그들의 관점에서 요긴한 문제 해결책을 담고 싶었습니다.

우리는 각기 다른 특성과 커리어를 가졌지만 1년간 매달 격주 미팅을 통해 치열하게 고민하면서 팀장들이 정말 원하는 것, 그들에게 필요한 것들을 찾아내어 사례를 도출해 내고 해결책을 제시했습니다. 어쩌면 이 책에 나와 있는 수많은 학자와 현장의 선배들이 경험한 솔루션들은 리더로서, 팀장으로서 방황하고 힘들어할 때 사이다 같은 시원함을 줄 수 있을 것입니다.

열심히 고군분투하고 있을 팀장들, 앞으로 새로운 팀장이 될 리더들에게 단비 같은 역할을 했으면 좋겠습니다. 이 책은 처음부터 순서대로 읽지 않아도 됩니다. 지금 자신이 가장 고민이 되는 부분에 대한 파트부터 읽거나 언제나 필요할 때 펼쳐 보면서 참고하면 됩니다.

이 책은 총 8개의 파트, 47개의 사례로 구성되어 있습니다.

첫 번째는 '나는 (성장을 돕는) 팀장이다' 파트로 리더로서 직원들이 성장할 수 있도록 돕는 소통과 관계 코칭의 다양한 사례들이 나와 있습니다.

두 번째는 '나는 (효율을 높이는) 팀장이다' 파트로 성과를 내는 업무 코칭입니다. 팀원의 성과를 낼 수 있도록 돕는 코칭 사례와 해결책이 담겨 있습니다.

세 번째는 '나는 (성과를 책임지는) 팀장이다' 파트로 공유된 성과 목표를 달성하도록 능동적으로 직무를 수행하게 하는 성과관리입니다. 목표 달성하기 위해 성과를 관리하는 방법에 관해서 구체적인 사례를 확인할 수 있습니다.

네 번째는 '나는 (공정한) 팀장이다' 파트로 팀원의 다양한 상황, 요구에 대처하는 실제 성과평가입니다. 성과평가를 공정하고 효과적으로 할 수 있는 솔루션을 확인할 수 있습니다.

다섯 번째는 '나는 (협업하는) 팀장이다' 파트로 문제 해결을 위한 협업(컬레버레이션)의 기술입니다. 최근에 조직에서 가장 중요한 이슈 중의 하나인 협업에 관한 다양한 사례와 솔루션이 있습니다.

여섯 번째는 '나는 (권한을 위임하는) 팀장이다' 파트로 팀원들을 스스로 일하게 하는 임파워먼트입니다. 리더로서 권한 위임을 언제 어떻게 해야 하는지에 대한 방법론을 실질적인 사례로 확인할 수 있습니다.

일곱 번째는 '나는 (워크스마트하는) 팀장이다' 파트로 업무의 효율과 개인 성과를 좌지우지하는 보고 및 회의의 효과적인 기법입니다. 주

52시간 시대를 맞아 조직에서 실제 시간 관리를 잘할 수 있는 워크 스마트를 실행하기 위해서는 리더의 역할이 중요합니다. 보고하거나 회의를 어떻게 하느냐에 따라 효과적인 시간 관리를 할 수 있습니다.

여덟 번째는 '나는 (정공법을 택하는) 팀장이다' 파트로 조직이라는 인간관계 내에서 필연적으로 발생하는 사내 정치 대처법입니다. 어떻게 슬기롭게 사내 정치를 해야 하는지, 어려움에 닥쳤을 때 현명하게 극복할 방법을 담았습니다.

이렇듯 조직에서 리더로서 팀장이 해야 할 많은 부분이 이 책에 담겨 있습니다. 어떻게 해야 할지 몰라 고민하고 있을 때, 아무리 생각해도 도무지 솔루션이 떠오르지 않을 때 이 책은 작은 희망을 줄 것입니다. 아무리 열심히 해도 핵심 솔루션을 모르면 훌륭한 리더가 될 수 없습니다. 하지만 온 힘을 다해 노력하다 보면 존경받는 리더, 인정받는 리더, 사랑받는 리더가 될 수 있습니다. 어쩌면 이러한 리더는 너무 이상적인 모습일지도 모릅니다. 그런데도 계속 노력하고 힘들어도 다시 일어설 리더들을 응원하며 이 책이 작은 밀알이 될 것을 확신합니다. 고맙습니다.

1년간의 긴 여정을 마치는 강남의 어느 회의실에서

박진한, 유경철, 나영주, 정경희, 서인수

박해룡, 백신영, 김우재, 이재형

9명의 저자들 소개와
각자가 전하는 한 마디 제언

이 책을 집필하고자 했던 계기는 무엇이었을까요? 처음에는 플랜비 디자인의 최익성 대표님의 권유로 단순하게 '내 이름이 담긴 책이 나온다면 뭔가 의미가 있겠지'라는 마음이었습니다. 책 쓰기라는 작업이 이렇게 어렵고 힘든 작업인지 몰랐기 때문이었습니다. 이번 기회는 자기 이름으로 책을 발간하신 모든 이들을 존경하게 되는 좋은 계기가 되었습니다.

30년 가까이 LG 그룹에 근무하면서, 20여 년 경험한 HR 업무를 마무리할 수 있었기에 더욱 뜻이 깊은 결과물인지라 뿌듯한 마음에 혼자 입꼬리가 올라가게 됩니다. 처음 조직장이 되었을 때와 현재의 조직장 역할을 왔다 갔다 하면서 순간순간 고민과 어려움을 생각하면서 직접 겪었던 사례들을 중심으로 이야기를 만들어나갔습니다.

제가 집필한 부분은 '성과관리'입니다. 급변하는 시대 흐름과 각 조직이 처한 환경이 다르긴 하지만 현재의 조직장들에게 자그마한 보탬이 되었으면 하는 바람입니다.

박진한 제임스(James), (현) 주)아이디파트너즈 대표, (전) LG S&I FM 대학 학장 사람들의 변화와 성장을 돕는 컨설턴트이자 기업교육 강사로, 기업과 공공기관에서 리더십과 커뮤니케이션(소통과 협업) 분야 강의를 하며 저술 활동을 하고 있습니다. 코오롱베니트 인재개발팀, 한국능률협회컨설팅(KMAC), PSI컨설팅 등에서 근무했으며, 한국외국어대학교를 졸업했고 고려대학교에서 경영학 석사를 마쳤습니다. 2015년, 한국HRD 명강사 대상 수상, HR월간지 〈인재경영〉에서 2020년 기업교육 명강사 30선에 선정되었습니다.

230만 명 이상이 다녀간 'HRD 프로페셔널(HRD Professional)'이라는 블로그를 운영하고 있습니다. 삼성전자, 현대자동차그룹, LG인화원, SK그룹, CJ인재원, 한국IBM, 마이크로소프트, 중앙공무원교육원, 서울시인재개발원, 서울대병원, 세브란스병원, 서울대학교 등 국내 주요 대기업과 공공기관, 병원, 대학교 등에서 연 200회 이상의 강의와 워크숍을 진행하고 있습니다.

유경철 피터(Peter), 소통과 공감 대표,《완벽한 소통법》,《문제해결자》
《피터 드러커의 인재경영 현실로 리트윗하다》,《NLP로 신념 체계 바꾸기(번역)》 저자

지난 20년간 국내 유망 생물자원 전문 기업에 해외영업 파트로 입사하여 영업마케팅을 거쳐 인사, 교육, 조직문화 담당으로 재직하였고 사내 고충 상담원과 윤리 경영 위원으로 활동하였습니다. 교육 전담 인원도 없던 시절, 인재개발팀을 조직하고 육성체계를 구축하였으며

교육운영에서부터 사내강사까지 두루 경험하였습니다.

현재는 리더십 코치이자, 퍼실리테이터로 행복한 성장을 꿈꾸며 도전하는 중입니다. 몸담았던 회사가 벤처기업에서 중견기업으로 성장하는 과정을 지켜보며 조직의 성장에 리더의 역할과 책임이 얼마나 막중한가를 몸소 체득하였습니다. '리더십의 원천이 무엇일까?'라는 고민에서 출발하게 된 이 책이 현직 리더들의 현실적인 고민을 해소하는데 작은 도움이 되길 바랍니다.

나영주 베로니카(Veronica), (전)이지바이오 HRD부문 팀장

현재 리더십 퍼실레이터, 기업교육 컨설트레이너(Consultrainer)와 코치(Coach)로 활동하고 있습니다. 고려대학교 교육대학원에서 기업교육을 전공했고 숭실대학교 일반대학원에서 경영학 박사 학위를 취득했습니다. 리더십 연구를 하면서 바람직한 리더십 방향성을 '3S 리더십 실천'으로 정의했습니다.

셀프(Self)와 수퍼(Super)를 넘어 서번트(Servant) 리더십을 발휘한다는 의미로 첫 번째 리더십 책을 쓰게 되었습니다. 태평양생명 교육과장, 동양생명 경영교육파트장, 동양인재개발원 경영교육팀장까지 10년 동안 HRDer로 일했습니다. 창업 후 16년간 대기업, 글로벌 기업, 공공기관 등에서 10,000시간 이상의 리더십, 성과관리, 코칭 및 소통을 강의하고 있습니다.

현재 SK하이닉스 우수 현장관리자를 대상으로 10개월 160시간의 리더십 전문과정(2기)을 진행 중입니다. 그들의 생생한 고민과 질문에 맞춤형 코칭과 퍼실리테이션을 제공하고 있습니다. 이 책에 수록한 생생한 제언(Feed-Forward)은 당신의 영향력 발휘에 많은 도움이 될 것입니다.

정경희 벤자민(Benjamin), 경영학 박사, 엑설런스컨설팅 대표
리더십 퍼실레이터(Facilitator) & 성과 코치(Coach)

리더들이 변화에 대한 동기를 갖고 실제적인 성과행동을 개발할 수 있도록 컨설턴트와 강의, 그룹 코칭을 하고 있습니다. 성공커뮤니케이션 대표이사, ㈜SC컨설팅 대표이사, ㈜임팩트그룹코리아 HRD 사업본부장을 역임했으며, 아주대학교 경영대학원에서 경영학 석사(인사조직MBA)를 마쳤습니다.

저를 포함한 9명의 저자들은 리더에게 진짜 도움이 되는 책을 쓰기 위해 현업에서 리더들이 겪고 있는 문제와 이를 해결하는데 도움이 되는 지식과 스킬, 툴(Tool)을 수집 및 분석하였고 그 결과물을 책으로 완성하였습니다. 이 책은 리더들이 현재 겪고 있는 어려움이나 이슈를 해결하는 데 구체적인 도움을 주고 성장을 지원할 것입니다.

서인수 노아(Noah) 프랙티스디자인랩 대표
리더십 퍼실리테이터(Facilitator) & 리더십 프랙티스 디자이너(Practice Designer)

조직과 사람, 그리고 인사(HR) 분야의 전문가를 꿈꿉니다. 고려대학교에서 통계학 및 경영학 석사를 취득했고, LG와 한솔에서 실무를 경험했고, 아더앤더슨, 딜로이트컨설팅에서 10년간 경영컨설팅을 하였습니다. LS산전(주)에서 인사총괄(CHO)/상무를 역임했고 현재는 인사컨설팅 법인의 대표로 강의, 저술, 컨설팅을 하고 있습니다.

국내 기업의 인사제도 컨설팅을 비롯해 기업, 정부, 대학 등에서 600회 이상 강의를 하였습니다. 특히, 사람에 대해 이해하고 인재를 선발하는 것이 중요함을 깨닫고 한국바른채용인증원 부원장으로서 면접관 교육과 역량평가를 하고 있으며, 조직의 다양한 문제를 해결하는 액션러닝, 디자인씽킹의 퍼실리테이터로 활동하며 한국액션러닝협회 회장으로 재임 중입니다.

박해룡 해리슨(Harrison), The HR컨설팅(주) 대표, 《직장생활, 나는 잘하고 있을까?》 저자

2003년 농협중앙회 인재개발부 서비스아카데미를 만든 창립멤버이며, 사내 CS교육기획 및 연수원 강의, 현장 컨설팅 등을 맡았었습니다. 고려대학교 중어중문학 학사 및 언론대학원 석사를 졸업했습니다.

2000년에 시작한 강의가 사내에서 10년, 기업 밖에서 10년 어느덧 20년 차가 됐습니다. HRD업계에서 코칭, 커뮤니케이션, 소통, 리더십, 사내강사양성과정, CS, 각종 심리진단 및 행동유형 진단 전문가

나는 ( ) 팀장이다

로 활동하고 있으며, 자신의 시간이 소중한 만큼 교육을 들으시는 한 분 한 분의 시간 또한 값진 기억이 될 수 있도록 온 힘을 다하며 살고 있습니다.

2010년 6월, 〈뉴스메이커〉 '한국을 이끄는 혁신리더 24인'에 선정됐었고, 리더십 전문잡지 CNB저널, JTBC뉴스, EBS, MBC, 한국경제TV 등 전문 패널로 출연했었습니다. 공연과 교육을 엮어서 하는 강연기획자이며, 아마추어 뮤지컬 배우로서 뮤지컬 인문학 특강 및 강연콘서트 기획을 합니다. 또한, 한국과 중국의 이문화에 대해 다루는 팟캐스트 '탄탄대로(談談大路)'의 MC를 맡고 있습니다.

백신영 씨에나(Sienna), HRD아트컨설팅 대표, 커뮤니케이션 스페셜리스트(Communication Specialist), 비즈니스 코치(Business Coach), CS전문가

언제나 새로운 도전을 즐기는 사람입니다. 도전이 실패로 끝날지라도, 그 경험은 저에게 더 가치 있는 삶을 가져다준다고 믿습니다. 고려대학교를 졸업했고 현대건설에서 일했습니다. 11년 동안 여러 업무를 경험하면서, 리더십과 조직에 대해서 많은 고민을 했습니다. 그 고민들을 엑스퍼트컨설팅에서 리더십개발팀 팀장으로 일하면서 해결하고자 노력하였습니다.

국내 대기업, 대학병원, 국립대학교 등에서 리더십과 조직에 관련된 다양한 프로젝트를 수행했습니다. 그 경험들을 토대로 가치 있는 콘

텐츠를 생산하고자 글을 쓰기 시작하였고, 지금의 이 책까지 도전을 하게 되었습니다. 완벽하진 않지만 고민의 결과들을 이 책에 담았습니다. 아무쪼록 많은 직장인들에게 조금이나마 도움이 되었으면 좋겠습니다.

김우재 케이(Kay), 신재생에너지 디벨로퍼

대기업과 공공부문의 인사/교육 담당으로 두루 경험한 현업 지식에 경영학 박사, 대학 교수가 되어 배우고 익힌 리더십 이론을 접목시키고자 노력해 오고 있습니다. 주요 강의 분야는 〈성과관리, 성과평가〉, 〈채용면접관 양성〉, 〈창의적 문제 해결〉, 〈나쁜 리더십 버리기〉 등입니다.

2018년 첫 번째 저서 《최고의 조직을 만드는 완전한 리더십》, 2019년 두 번째 책 《나는 인정받는 팀장이고 싶다(공저)》를 집필 및 출간한데 이어, 2019년 어느 날 '나는 인정받는 팀장이고 싶다 2기'의 멤버로 참여하여, '나인팀 1기'와 '나인팀 2기'를 이어주는 역할을 해달라는 플랜비디자인그룹 최익성(다니엘) 대표이사의 제안을 받습니다. 2019년 제가 받은 가장 좋은 제안이기는 했습니다. 그러나, 얻을 것과 그에 비례해 투입해야 할 것을 어느 정도는 알고 있었기에 잠시 망설이기는 했습니다. 하지만, 좋은 제안이기에 결정을 내리는 데에 그리 큰 망설임이 없었습니다. 다른 것이 있었다면, 2018년에는 공동 저자 9명 중 1명인 구성원이었다면, 2019년에 나인팀 1기의 책 쓰는 노하우와 플랜비디자인 출판사의 리더십에 대한 철학을 전달하면서, 공동 저자 전체의 일정과 의견, 원고 등을 조율하는 오거나이저(Organizer) 역할을 하였다는 것입니다. 이번에도 저자분들과 함께 사람과 리더십에 대한 고민을 한 권의 책에 담아 봅니다.

이재형 브루스(Bruce), 농협대학교 교수,
경영학 박사, 《완전한 리더십》, 《나는 인정받는 팀장이고 싶다》 저자

CONTENTS

PART 1 나는 (성장을 돕는) 팀장이다

PART 2 나는 (효율을 높이는) 팀장이다

PART 3 나는 (성과를 책임지는) 팀장이다

PART 4 나는 (공정한) 팀장이다

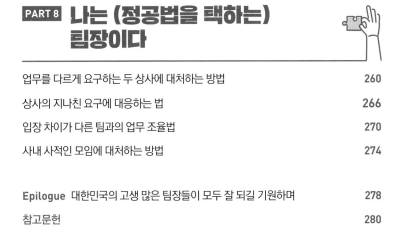

N I N E
T E A M
LEADERSHIP

나는 (성장을 돕는) 팀장이다

밀레니얼과 Z세대의
성장을 돕는 방법

"요즘 애들 왜 이래요?"라는 말이 팀장 입에서 자연스럽게 나옵니다. 바로 신입 팀원들 때문입니다. 그들의 행동이나 태도가 '세대 차이'라고 생각은 하면서도 영 못마땅하고 인정할 수 없을 때가 많습니다. 그렇다면 어떤 규칙이나 코칭으로 그들과의 화합을 이끌어 갈 수 있을까요?

EPISODE 1.

모 유통회사에서 마케팅 기획 업무를 하는 80년생 박 팀장 아래로 드디어 92년생 신입 팀원이 입사했습니다. 박 팀장은 팀 내 실무와 주요 과업 등 여러 업무를 수행 중이라 이번에 들어오는 신입 팀원에 대한 기대가 매우 컸습니다.

김 사원이 입사하고 어느 정도 적응했다고 판단되어 새로운 과업을 넘겨주며, 다음 주까지 신상품 마케팅 프로젝트 기획안을 정리해 오라고 가이드를 주었습니다. 기획안 마감 기한이 다가오자 박 팀장

나는 (   ) 팀장이다

은 김 사원을 불렀습니다.

"○○님, 지난번에 준비하라고 얘기했던 신상품 마케팅 기획안은 마무리되었나요?

"네, 팀장님. 가이드 주신 대로 준비했고 바로 보고드리겠습니다."

하지만 실제로 작성된 기획안은 기대 이하였습니다.

"○○님, 이걸 기획안이라고 작성하신 건가요? 오타도 많고 무엇을 전달하고 싶은지 주제도 명확하지가 않네요. 다시 수정해서 보고하시면 좋겠네요."

오후 5시, 퇴근 시간이 다가오자 김 사원은 자리를 정리하고 일어났습니다. 그러더니 "팀장님, 먼저 퇴근하겠습니다. 내일 뵙겠습니다."라면서 나가버렸습니다. 당연히 수정 기획안 보고도 없이 말입니다.

"어, 수정 기획안 보고도 없이 그냥 퇴근하네?"

박 팀장은 당황스럽고 불쾌한 기분이 듭니다.

EPISODE 2.

92년 생 김 사원은 얼마 전 마케팅 기획팀으로 입사하게 되었습니다. 마케팅 업무는 처음이기 때문에 모든 것이 낯설고 막막했습니다. 부서로 배치되자마자 적응도 하기 전, 팀장님은 몇 가지 업무를 지시하였습니다. 팀장님은 항상 바쁘시다 보니 업무와 관련해서 궁금한 점이 있어도 여쭤보기가 쉽지 않습니다.

이번 기획안도 이것저것 궁금한 점이 많았지만, 자신의 실력도 보여드릴 겸 온 힘을 다해 기획안을 작성하고 보고드렸는데, 모든 문구를 대부분 수정하라고 합니다. 하지만 무엇이 문제인지 정확하고도 충분하게 설명해 주지 않아 다음 보고서 작성이 벌써 걱정됩니다.

김 사원이 근무하는 이 회사는 워라밸을 존중하는 문화라 이런 점이 이 회사에 입사하기 위해 노력했던 이유 중 하나입니다. 건강한 삶과 퇴근 후의 자기계발은 이 시대를 살아가기 위한 필수 요소라고 믿는지라, 최근 집 근처 요가 센터를 등록했습니다. 등록한 시간에 맞추기 위해서는 회사에서 5시면 출발해야 하는데 못마땅해 하는 박 팀장의 표정을 보면 마음이 편치 않습니다.

💬 이럴 땐 이렇게 해보세요

 MZ(밀레니얼 + Z) 세대들의 동기부여와 몰입을 강화하기 위해서는 어떻게 해야 할까요? 바로 코칭이 매우 효과적입니다. 그들은 이 일이 왜 중요한지, 일을 통해 어떻게 기여할 수 있는지에 대한 명확한 공감을 중요하게 생각하고, 빠르고 정확한 피드백이 중요하기 때문입니다.

코칭은 성과 향상을 돕기 위해 스스로 목표를 설정하고 달성하도록 돕는 것이라는 목표로 수행되어야 합니다. 또한, 수평적이고 지속적인 관계에서 경청, 상호 질문, 피드백의 과정을 통해 스스로 답을 끌어내고 행동할 수 있게 지원해야 합니다.

그러나 위의 상황에서처럼 경험이 부족한 신입의 경우 스스로 판단, 의사결정을 할 수 있는 역량이 부족한 상태에서는 구체적이고 정확하며 빠른 피드백이 적합합니다.

팀장	"○○님, 지난번에 준비하라고 얘기했던 신상품 마케팅 기획안은 마무리 되었나요?"
사원	"네, 팀장님. 가이드 주신 대로 준비했고 바로 보고드리겠습니다."
팀장	"○○님, 내가 지난번에 피드백해준 것처럼 마케팅의 핵심은 콘셉트와 공감입니다. 제품의 가치를 누구나 공감할 수 있도록 콘셉트가 명확히 전달되어야 한다고 지난번에 가이드를 드렸지요? 그 부분이 다 적용된 건가요? 음, 그런데 적용이 안 된 부분이 있는 것 같은데요?"
사원	"(한참 본인의 기획안을 쳐다본 후, '죄송하다'라는 한마디도 없이 하는 말) 아, 그런가요? 그럼 지금 기획안을 수정할 여유도 없는 것 같은데 어떻게 해야 할까요, 팀장님?"
팀장	"시간이 부족하군요. 앞 부분은 접근 방식이 아주 좋아요. 그런데 중간 부분에서 설득력이 떨어져 근거가 될 만한 자료를 국내, 국외 사례로 해서 2가지 정도는 알아보고 추가해 보시면 좋겠습니다. 그것부터 수정해서 가져오면 다음 수정할 부분에 관해 얘기 나누면 좋겠네요."
사원	"네, 팀장님. 알겠습니다. 수정해서 보고드리겠습니다."

자신의 존재 가치와 인정을 중요하게 여기는 MZ 세대에게는 위와 같이 부족한 부분만 지적하기에 앞서, 잘한 부분을 먼저 언급하고 이후 수정해야 할 부분을 말해주면 좋습니다. 경험이 부족한 신입 팀원일수록 본인에게 생각할 시간을 충분히 주기보다 정확한 지시를 해주는 것이 효율적입니다.

지금부터는 현 조직구성원의 핵심인 MZ 세대의 특성을 알아봅시다. 이미 많은 조직에서 밀레니얼 세대가 책임자로서 역할을 하기도 하고, 뒤를 이어 밀레니얼 세대와는 또 다른 가치관을 갖은 Z 세대들이 경제, 문화 전반적으로 주류 세대로 떠오르고 있습니다. 이에 많은 기업이 MZ 세대와 공생하려는 방안을 찾기 위해 노력 중입니다. MZ 세대의 특징을 보다 구체적으로 살펴보면 다음과 같습니다.

첫째, MZ 세대는 일 이외에도 개인적인 삶을 중요시합니다. 물론 모든 세대가 다 그런 면이 있지만, 특히 이들은 본인이 가치 있다고 생각하는 일이라면 기꺼이 헌신합니다. 업무 외의 시간에 대해 가치를 크게 부여합니다.

둘째, MZ 세대는 인정받고 싶은 욕구가 강합니다. 이들은 자기 일에 대해서 본인이 권한을 갖고 주도적으로 일하기를 원하고, 강한 목표 지향성을 원하는 특성이 있습니다. 이들을 위해서는 일하는 방법에 대해 수시로 지속적인 피드백을 제공해 주어야 합니다.

셋째, MZ 세대는 조직 내에서 수평적이고 자유로운 커뮤니케이션에 익숙합니다. 정형화된 평가나 피드백 시스템, 수직적으로 여러 단계를 거쳐야 하는 보고 절차나 의사결정 과정, 일의 결과에 대해 반응이 없는 상황을 이해하지 못합니다. 팀 구성원들이 자유롭게 아이디어를 제시할 수도 있고, 의견이 반영되는 환경을 조성해 줄 때 이들의 직무 몰입도가 높아질 수 있습니다.

넷째, 기존 세대보다 일의 가치나 의미를 중요하게 생각합니다. 그들에게 더욱 중요한 것은 '높은 금전적 보상' 보다는 '의미 있는 일'입니다. 따라서 업무를 지시하기에 앞서 왜 이 일을 해야 하는지, 어떤 시각으로 업무에 임해야 하는지 등에 대한 설명을 함께 하는 것이 필요합니다.

나는 (　) 팀장이다

유능하지만 협업에 서투른 팀원을 리드하는 법

팀으로 같이 일하다 보면 정말 다양한 가치관과 성장 배경, 성격인 팀원들을 만나게 됩니다. 그중에서도 '나 홀로 플레이'를 즐기는 팀원이 있습니다. 크게 문제 될 것이 없을 것 같지만 팀 내 공유가 되지 않거나, 협업이 어려운 것은 시간이 갈수록 문제가 커질 수 있습니다. 이런 팀원은 어떻게 코칭하는 게 좋을까요?

EPISODE.

박 팀장은 현업 8년 차이자 팀장 경력 2년 차, 김○○ 대리는 3년 차 MZ 세대의 팀원입니다. 박 팀장은 조직에 대한 긍정적인 마인드와 적극적 자세를 중요하게 생각하고, 힘들어도 항상 이를 유지하며 팀을 이끌고자 노력합니다. '기왕 하는 것 즐겁게 임하자!'는 주의로 직장 생활을 하고 있는데, 요즘 따라 생각만큼 좋은 팀장이 못 되는 것 같아서 고민이 많습니다. 팀원들과 회의하고 자주 차도 마시지만, 워낙 업무가 바쁘다 보니 점심시간이라도 짬을 내서 팀원들의 생각을 들어보고 친해질 수 있는 계기를 만들어보려고 합니다.

하지만 팀원들은 아예 점심을 안 먹는 사람, 다이어트한다고 도시락을 싸 오는 사람, 운동하러 가는 사람, 낮잠을 자는 사람 등 자기가 하고 싶은 것을 하며 점심시간을 쓰길 바라는 것이 현실입니다. 이들이 진짜 점심시간을 이렇게 쓰는지, 아니면 팀장인 자신과 점심을 먹기 싫어서 그런 것인지 내심 섭섭하기도 하고, 자신의 문제인 것 같아 걱정되기도 합니다.

요즘 들어 팀원 가운데 유난히 동료와 점심을 안 먹거나 혼자 먹는 김 대리가 걱정되고 마음이 쓰이는 상황입니다. 혹시 팀원들과 못 어울리는 건 아닌가 싶습니다. 하지만 김 대리와 대화를 나누자고 일 대일 면담을 요청해도 아무런 문제가 없다며 입을 잘 열지 않습니다.

우리 팀은 대외협력 관련된 일을 많이 하는 부서인지라 사람을 많이 대해야 하는데 매번 식사도 같이 안 하는 횟수가 늘어나면서 동료들과의 소통이 안 될까 봐 염려됩니다. "오늘 점심도 김 대리님은 편히 쉬고, 우리는 식사 다녀올게요." 하면서 모두 식사를 하러 나갔습니다.

💬 이럴 땐 이렇게 해보세요

요즘 MZ 세대 팀원들의 특성을 이해하려고 하지 않으면 갈등은 더욱더 깊어집니다. 한 가족처럼 지내고, 서로 마음을 터놓고 지내는 것이 좋은 팀의 구성이라고 믿고 있는 기성세대 팀장과의 갈등 해결은 많은 조직의 가장 큰 이슈입니다.

　　　　　　　　　　　　　　　　　　　나는 (　) 팀장이다

더욱이 밀레니얼 세대를 이끄는 팀장 중 일부 또는 경력이 적은 신임 팀장들의 경우는 상기와 같은 팀원들의 행동을 '내가 싫어서, 불편해서 저러나? 사람이 왜 항상 조직 생활에서 시니컬하지?'와 같이 생각하기도 합니다. 하지만 이 세대를 제대로 이해한다면 당연한 행동으로 받아들일 수 있으며 오히려 그들의 장점을 조직에 녹아들게 하는 노력이 더욱 요구됩니다. 그럼 밀레니얼 세대의 특징을 살펴보겠습니다.

첫째, 짧은 시간도 가치 있게 사용하길 원합니다. 자기관리에 대한 투자를 아끼지 않으며 자투리 시간도 소중하게 생각하는 이들에게 점심시간은 쌍꺼풀 수술, 안과나 피부과 시술, 비타민 링거를 맞으며 한 시간 잠을 깊이 잘 수 있는 시간 등 다양한 방법으로 가치 있게 사용합니다.

이처럼 개인의 시간을 소중하게 여기는 젊은 팀원들에게 의미있고, 가치있는 회식을 활용하는 방법을 권장합니다. 회식에 대한 일정을 미리 공지하고 팀원들에게 원하는 메뉴와 장소 등을 선택하게 자율권을 주는 방식이 더욱 효과적일 것입니다. 현시대 직장인은 회식뿐만 아니라 주말을 활용해서 하는 팀 단위 춘계/추계 체육행사, 산행 등의 개념과 시간 사용에 대한 관점도 달라지고 있으므로 최대한 팀원들의 의견을 들어야 합니다.

둘째, 회의문화도 밀레니얼 세대들에 대한 배려와 개선이 필요합니다. 집단 지성을 높이고 모두가 공유하는 업무 관련 회의는 직장에 없어서는 안 될 일하는 방식의 핵심입니다. 그렇지만 개별 업무로 바쁜 팀원들에게는 관련이 없거나 대안도 없는 형식적인 회의는 없어져야 합니다. 따라서 '반드시 회의실을 예약하고 절차에 의해 회의를 진행해야 하는지, 꼭 필요한 회의인지?' 등을 제고합니다. 혹시 업무 시간 중에도 충분히 논의되는 방법은 없는지 검토합니다.

말보다는 글로 하는 커뮤니케이션이 날로 늘어가는 시대에 주의해야 할 업무 형태가 메신저와 카카오톡과 같은 문자 메세지의 사용입니다. 업(業)에 따라 다른 환경이겠지만 최대한 퇴근 후 카카오톡과 같은 채팅앱으로 공유 되지 않도록 하는 규칙을 만들어 개인의 삶에 대해 침해하지 않아야 합니다. 물론 업무 성격상 새벽에도 문제가 생기면 대응해야 하는 팀 특성을 제외하 고는 같은 규칙을 정하고 함께 움직이도록 하는 방법을 만듭니다.

셋째, 팀원이 직접 만드는 회식문화를 만들어 보는 건 어떨까요? 먼저 그 들의 문화를 반영하여 '하나의 놀이처럼' 회식을 진행하는 것입니다. 혼자서 는 접해보지 못하는 식당을 선택해서 경험해보게 합니다. 사진도 찍고, 경험 을 중요시하는 세대에게 이러한 의미부여는 참석률을 높일 수 있습니다.

예를 들어 〈○○ 미식회〉에 나왔던 식당 찾아가기, 지역 토박이만 아는 숨겨진 맛집 찾아가기 (내가 사는 동네나 잘 아는 동네 맛집 리스트 공개), 팀원들이 좋아하는 인물을 미리 파악하여 그 사람들이 자주 찾는 곳을 찾아가는 콘셉 트(좋아하는 가수가 있는데 그 가수가 자주 가는 음식점이 있다면 팀원들과 함께 가본다)로 재미라는 요소를 내세웁니다.

다음으로 회식의 콘셉트는 돌아가며 정해봅니다. 팀원들이 회식 주간에 돌아가며 정하는 것이 좋습니다. 팀장도 팀원들과 순번에 같이 합류되어 한 번은 ○○팀원이 추천한 곳으로, 그리고 그 추천 안에는 어떤 스토리가 있는 지 이야기해봅니다.

다음에는 또 다른 팀원이 추천한 곳으로 정하는 등 이를 통해 서로 이해 의 폭도 넓히고, 본인들의 경험도 넓히는 계기로 삼습니다. 또 아무도 안 정 해서 팀장이 정하면 '답정너 콘셉트'라고 하는 상황이 만들어질 테니 돌아가며 고민하는 시간을 가져보고, 생각의 정성을 들여 봅시다. 누구나 자신의 이야기를 할 때 신나게 할 수 있고, 무언가 준비하게 됩니다. '콘셉트와 스토리로 무장한 날, 회식 날 = 콘셉트 데이, 기다려지는 날'이라는 공식을 만들어 봅니다. 단, 콘셉트를 정하면 그것에 맞게 1명도 빠짐없이 같이 지키지 않는다면 의미가 없게 됩니다. 따라서 모두 참여할 수 있도록 독려합니다.

넷째, 팀장은 무조건 참석하지 않습니다. 최근 회식을 그룹별, 작은 셀별, 남녀 성별, 계층별, 생일이 같은 월별 등 다양하게 작은 그룹 단위로 하게 하는 회사가 많습니다. 회식비를 주고, 월별 테마를 정하는 것은 모두 하는데 당일 회식은 빠지는 것입니다. 처음에는 어색해하지만 의외로 반응이 좋으며, 자신의 팀 사람들끼리만 하는 것이 아니라 다양한 부서 내 사람들을 경험해보고 이야기해볼 수 있기 때문입니다.

회식만 하고 친해지는 것도 의미가 있겠지만 만나서 자유롭게 이야기 나누며 그룹별로 어려운 이슈나 제안을 하나씩 하게 하여 다음날 팀장은 이 내용을 공유하면 됩니다. 이런 형식마저 없으면 그냥 회사에 대한 이야기 없이 식사만 하게 되니, 이런 대화도 나눌 기회를 제공하면서 자유롭게 이야기를 나눌 수 있게 하는 것이 중요합니다. 참여자 중 1명에게 이 미션을 줘야 다음날 와서 함께 이야기할 수 있습니다.

마지막으로 해당 팀원과는 일 대 일 면담을 진행해 봅니다. 현재는 3년 차라서 팀원들과 함께 식사하고, 함께 해야 하는 부분에 대한 비중을 크게 못 느낄지 모르겠지만, 이러한 필요성에 대해 면담을 통해 일깨워 줄 필요가 있습니다. 만약 이런 설명을 해도 이해하지 못한다면 주변 지인들이나 가족을 예로 들어 이해도를 높입니다.

물론 처음에는 회사 사람들과의 인간관계를 해나가는 것이 힘들고 불편하지만, 그것을 감수하고 조금씩 노력해보면 다른 능력이 생기게 됨을 알려줍니다. 매일 같이 먹는 것이 힘들 수 있으니 '일주일에 특별한 일이 없는 날은 무조건 팀원들과 먹는다'는 등의 규칙을 통해 조금씩 변화를 이끌어가는 것도 좋은 방법입니다.

앞으로 이 팀원은 조직에 있는 한 협업을 하고 승진도 하며, 갈등도 해결하고 협력사 사람들을 이끌어야 하기도 하며, 리더십을 발휘해야 하는 등 무엇이든 타인과 함께하며 성과를 내는 과정을 경험하게 될 것입니다. 따라서 조직에서는 일을 잘해야 하는 것은 기본이고, 사람이 싫어도 함께 해야 하는 것이 필요하다는 것을 알려주는 것이 팀장의 올바른 리더십입니다.

팀장보다 연차가 높고 나이가 많은 팀원과 함께 하는 방법

성과주의를 내세우는 조직이 대부분이다 보니 팀 내 팀장보다 연차가 높고 나이가 많은 팀원이 생기기도 합니다. 혹은 연초 인사이동이나 조직개편 등으로 그런 일이 벌어지게 됩니다. 본인보다 나이가 어린 사람이 팀장이 되면 퇴사해버리는 상황까지 발생하는데요. 이럴 때 어떤 리더십을 발휘해야 할까요?

EPISODE.

A 식품 제조회사는 작년 신제품이 크게 히트했고 매출이 신장되어 영업팀을 추가로 신설했습니다. 기존 영업팀 멤버 중 중견 팀원 3명과 외부에서 신임 팀장을 영입하게 되었고, 신임 팀장보다 고참 팀원인 오 차장의 연차가 높고 나이가 많아 신임 팀장 관점에서 업무 지시나 피드백을 주는 데 어려움이 많은 상황입니다.

오 차장은 새로운 팀장이 오기 전에도 팀 내에서 업무 성과도 뛰어나고 후배들의 신임도 높았습니다. 그런데 최근 신규 거래처와의 관계가 틀어지면서 계약이 성사되지 않는 일이 생겼고 그로 인해 이번 분기 매출 중 신규 거래처 목표 달성도 하지 못했습니다.

다른 팀원을 통해 알게 된 사실은 이전에도 종종 신규 거래처와 마찰이 생겨 계약이 성사되지 않았던 사례가 있었고, 주요 매출의 상당수가 대리점을 통한 신규 거래처 물량이 많은 상황입니다. 그런데 신임 팀장은 대리점 매출보다 직판을 통한 신규 거래처 물량을 늘리기를 원하고 있습니다.

이렇다 보니 사사건건 신임 팀장과 오 차장의 의견이 대립하고 부딪히는 상황이며 둘 사이의 팽팽한 긴장감 때문에 나머지 팀원들마저 서로 눈치를 보는 상황까지 이르렀습니다. 신임 팀장은 오 차장이 상당히 불편했지만, 그가 워낙 일을 잘하다 보니 큰소리를 내고 싶어도 강하게 못 하고 참는 경우가 많아졌습니다.

💬 이럴 땐 이렇게 해보세요

최근 성과를 우선으로 하는 승진 제도의 영향으로 나이 어린 상사와 나이 많은 부하 직원이 증가하는 추세입니다. 온라인 취업포털 사람인의 '연하 상사와 연상 부하'라는 설문 조사 결과에 따르면, 64.6%가 나이 많은 부하와 근무한 경험이 있으며 이 중 49.9%가 '스트레스를 받았다'라고 응답했습니다. 이유는 '업무 지시가 어려워서(42%), 내 의견을 무시하거나 따르지 않아서(36.2%), 잘못을 지적하기 어려워서(35.6%)'라고 답했습니다. 이처럼 팀장이 리더로서 나이 많은 부하 직원에게 동기부여하고 함께 효과적으로 일하기 위해서는 어떻게 해야 할까요?

먼저 나이 많은 팀원의 경험과 성과를 존중하고 팀장과의 심리적 거리감을 좁히는 것이 중요합니다. 나이가 많아 부담스럽다고 해서 거리를 두거나 피드백을 미루면 안 됩니다. 거리감을 좁히기 위해서는 팀원의 자리에 가서 보고를 받거나, 팀원의 말에 경청하며 무시하지 않아야 합니다. 일 대 일로 근처 카페나 공원과 같은 조금은 자유로운 분위기에서 대화하는 기회를 갖고, 경조사를 잘 챙겨주는 등 세심하게 관심을 기울여야 합니다.

다음으로 팀장으로서 서로에 대한 기대 사항을 명확히 해야 합니다. 위의 사례라면 "오 차장님, 오 차장님의 실적은 우리 팀에 많은 도움을 주고 있습니다. 올해 신규 거래처 매출 비중을 높여서 우리 팀의 성과에 더욱 이바지해 주시기를 기대합니다."라고 팀장의 기대 사항을 명확히 전달합니다. 그런 다음 본인이 어떤 역할을 좀 더 하고 싶은지 니즈 파악을 덧붙인다면 불필요한 오해를 줄일 수 있습니다.

나이 많은 팀원에게 피드백이 필요하다면 피드포워드(Feedforward, 미래의 성공을 위한 정보를 미리 제공하는 기법)를 활용해 보세요. 사람들이 자신에게 주어진 피드백을 무시하는 대부분 이유는 피드백을 받아들이기를 강요받았다는 느낌이 들기 때문입니다. 누구나 '무엇이 잘못되었다'고 이야기하는 것을 제대로 수용하기란 쉽지 않은 일입니다. 이런 때에는 이미 벌어진 과거에 대해 피드백하기보다 변화의 가능성에 대한 피드포워드가 도움이 될 수 있습니다.

피드포워드는 코칭 리더십 분야의 마셜 골드스미스(Marshall Goldsmith) 박사가 처음 고안한 코칭 모델입니다. 미래에 대한 대안을 제공할 때 과거에 이미 벌어진 것을 다루는 피드백이 아니라 미래의 성공을 위한 정보를 미리 제공하는 기법을 말합니다.

피드포워드는 어떤 사안이나 문제에 대한 미래 지향적인 아이디어나 대안을 제공하는 것이 중요합니다. 어떤 사안에 대해 수많은 가능성을 열어두고, 다양한 아이디어를 함께 듣는 것을 목표로 합니다. 피드포워드는 그래서 '아직 일어나지 않은, 실행 가능한, 변화 가능한 미래의 일'을 중심에 두어야 합니다. 피드백이 과거의 실패에 대한 기억을 강화한다면 피드포워드는 미래의 변화 가능성에 관한 생각과 의지를 강화하게 합니다.

| 피드백과 피드포워드의 차이 |

피드백	피드포워드
과거의 일을 기반으로 함	미래에 일어날 일을 기반으로 함
피드백을 주는 사람이 주체가 됨	피드백을 구하는 사람이 주체가 됨
격식을 따짐	격식에 얽매이지 않음
피드백은 가끔 일어남	피드포워드는 항상 진행됨

※ 출처: 마셜 골드스미스, 〈Try Feedforward Instead of Feedback〉, www.marshallgoldsmith.com

팀장　"오 차장님! 요즘 매우 바쁘시죠? 우리 팀의 목표 달성을 위해 오 차장님이 노력을 많이 하고 계시다는 점에 항상 감사하고 있습니다. 오 차장님 덕분에 신규 시장 매출이 소폭 상승했습니다. 수고 많으셨습니다."

차장　"아닙니다. 목표 달성에는 부족한 점이 있습니다."

팀장　"오 차장님, 저한테 최근 주신 매출 자료를 살펴보니 오 차장님의 신규 거래처 매출 비중이 목표에 일부 미달한 부분이 보이더군요. 진행 과정에 어떤 어려움이 있었나요?"

차장　"아, 팀장님, 사실 이 사업의 리스크를 줄이려면 기존 시장을 안정적으로 다지는 일이 중요한데요, 팀장님께서는 중요하게 여기시지 않는 것 같아서 고민이었습니다. 신규 거래처 확보도 중요하지만 시간이 걸릴 수밖에 없습니다."

팀장 "아, 그랬군요. 제가 오 차장님을 오해하고 있었네요. 저는 오 차장님의 역할이 우리 팀에서 가장 중요하다고 생각합니다. 우리 팀이 더 성장하고 새로운 걸 보여줘야 한다는 부담감에 신규 거래처 매출 신장에 더 비중을 두었습니다. 쉽지 않으시겠지만, 저의 도움이 필요한 부분을 말씀해 주시면 열심히 지원하겠습니다."

차장 "네, 팀장님. 어떤 말씀이신지 충분히 이해했습니다. 감사합니다. 저도 신규거래처 매출 실적을 더 올리도록 노력하겠습니다."

팀장 "감사합니다. 그러면 목표 달성에 필요한 실행 계획을 구체적으로 세워서 다시 미팅했으면 합니다. 언제까지 가능할까요?"

차장 "다음 주 수요일까지 준비해 보겠습니다."

팀장 "좋습니다. 제가 도와드릴 일이 있다면 언제든지 요청하시기 바랍니다. 오 차장님이 더욱 열정적으로 일하는 모습을 보게 될 거라고 기대합니다. 함께 우리 팀을 잘 성장시켜봅시다."

마지막으로 나이 많은 팀원과의 관계에서 특히 중요한 포인트는 팀장이라는 역할을 신분으로 착각하지 말아야 한다는 점입니다. 직급이 높다고 나이 많은 팀원에게 반말하거나 공개적으로 질책하는 것은 상대의 자존심을 건드릴 수 있습니다. 팀원이 '존중받는다고 느낄 수 있도록 하는 것'이 중요합니다.

다른 팀원들의 의욕을 뺏는 에너지 뱀파이어를 다루는 방법

팀 내 다양한 팀원들이 있지만 가장 팀워크를 저해하는 것은 바로 방전된 배터리처럼 대화만 하면 기운 빠지게 하는 '에너지 뱀파이어 팀원'입니다. 다른 팀원들에게 늘 악영향을 미치는 이런 팀원, 어떤 조치가 필요할까요?

EPISODE.

경력 10년 차 김 과장은 평소 업무 실적도 뛰어나고 일머리가 좋아서 팀장에게도 인정받는 팀원입니다. 그러나 단점은 입이 거칠고 말을 함부로 하다못해 잠깐 틈만 나면 후배들을 붙들고 조직에 대한 불만이나 업무에 대한 고충만을 쏟아내곤 합니다.

본인보다 잘나가는 동료나 후배들을 보면 트집을 못 잡아서 안달이라 오죽하면 별명이 '막말 김 과장'입니다. 주변 사람들은 그런 김 과장 옆에서만 있으면 배터리가 방전된 것처럼 힘들고 기운이 빠집니다. 몇몇 팀원들은 김 과장에게 지치다 못해 팀장에게 찾아와 더는 김 과장과 함께 일하는 것이 힘이 드니 조치를 해달라고 하는 상황입니다.

💬 이럴 땐 이렇게 해보세요

 UCLA 정신과 교수인 주디스 올로프(Judith Orloff)가 처음 사용한 단어 '에너지 뱀파이어(Energy Vampire)'는 타인의 긍정적인 에너지를 빨아먹듯이 은근히 상대를 지치게 만드는 사람을 지칭하는 말입니다. 올로프 교수는 에너지 뱀파이어의 유형을 5가지로 분류했습니다.

첫째, 매사에 자기중심적이며 모든 관심을 독차지하려는 나르시스트형(The Narcissist).

둘째, 항상 스스로를 책망하고 남의 조언을 듣지 않는 피해자형(The Victim).

셋째, 주변의 모든 것을 통제하고 꼬투리를 잡아 지적을 일삼는 통제자형(The Controller).

넷째, 상대방의 이야기는 전혀 듣지 않고 자신의 이야기만 쏟아내는 수다쟁이형(The Constant Talker).

다섯째, 사소한 일을 크게 부풀려 과대 포장하는 엄살대장형(The Drama Queen).

팀장의 관점에서 에너지 뱀파이어의 문제점이 있는 팀원을 코칭하는 것이 가장 어려운 일이지만 문제가 더 커지기 전에 해결하는 것이 중요합니다. 이들은 상대방에게 부정적인 감정을 전염시켜 팀 전체의 분위기에도 큰 영향을 줍니다.

사람의 뇌 속에는 '거울 뉴런'이 있어 자신이 직접 경험하지 않고도 간접 경험만으로도 유사한 감정을 느끼게 되게 됩니다. 에너지 뱀파이어와 오래 함께할수록 스트레스 지수가 올라가고, 심한 경우 상대방의 부정적인 에너지가 자신에게 옮겨와 우울감으로 이어질 수도 있습니다.

실제로 한 조사에 따르면, 에너지 뱀파이어들이 섞여 있는 팀은 그렇지 않은 팀보다 성과가 30~40% 정도 더 낮다고 합니다. 이런 경우 팀장은 이들의 악영향을 막는 단계별 접근이 필요합니다. 일 대 일 코칭에 앞서 팀 구성원 개개인의 특성과 차이를 이해할 수 있는 다양한 진단 도구를 활용해 보는 것도 추천합니다.

그렇다면 일 대 일 코칭은 어떻게 진행해야 효과적일까요? 정작 당사자는 주변 동료의 반응을 인식하지 못하고 본인의 행동이 어떤 결과를 초래하는지 알지 못하기 때문에 개인적으로 다가가서 허심탄회하게 말해줘야 합니다. 이때 팀장은 '당신의 이러한 행동 때문에 다른 동료들이 힘들어한다'는 사실을 기반으로 전달합니다. 솔직하되 상대의 감정은 헤아려 문제점을 지적해주고 스스로 깨닫고 행동을 개선할 수 있도록 코칭합니다.

그런데 '다른 팀원 중 누가 이런 얘기를 하더라, 누가 힘들다며 와서 얘기하더라'는 식의 이야기로 대화를 이끌어가면 듣는 김 과장은 그게 누구인지 대충 짐작하면서 문제점을 보려고 하지 않고, 그게 누구인지를 찾아내려고 하고 그것이 원망으로 이어지게 됩니다. 계속 추측하게 되고 이유 없이 사람을 미워하며 그것이 팀 성과에 부정적 영향을 미치게 되는 악순환을 그리게 됩니다.

그래서 조직에서는 360도 리더십 진단(리더십 다면 진단, 자신의 리더십 역량의 강약점을 분석하고 리더십 역량 강화를 위한 진단 도구)을 하는 것입니다. 진단 결과를 기반으로 대화를 끌어나간다면 팀장도 코칭하기 편하고, 근거나 객관적인 데이터도 없이 들려오는 소문만으로 코칭하기에는 한계도 많기 때문입니다.

진단시스템이나 제도가 있다면 반드시 코칭 전에 분석하여 어떤 대화를 할 것인지 시나리오를 그려보고 진행합니다. 없다면 진단할 방법이 있는지 관련 부서에 문의하고, 그것도 없다면 전문기관에 '팀 단위로 해보고 싶은데 어떤 것을 하면 좋을지'에 대해 의뢰하여 팀을 잘 이끌어나가기 위한 객관적 지수를 높여가는 것이 좋습니다.

다음으로 리더십 트레이닝(교육)을 합니다. 코칭을 받은 후에도 여전히 에너지 뱀파이어와 같이 행동한다면, 변화 방법을 몰라서 혹은 다른 사람의 감정에 무뎌서 일 수 있습니다. 이런 경우 리더십 교육을 통해 첫째로 '자기 인식'을 하는 것이 선행되어야 합니다. 내가 어떤 사람인지, 그래서 타인과 어떤 관계로 일하고 있는지를 바로 들여다볼 줄 알아야 합니다.

이 과정은 처음에 경청으로 시작되지만 지나면 분노, 더 지나면 자기를 한번 다시 보게 됩니다. 그래도 원래 모습대로 돌아오기 때문에 객관적 다면진단이나 교육 툴을 사용해서 좋은 리더의 지향점과 구체적인 방법, 근본적인 사람에 대한 이해를 통해 변화를 이끌어야 합니다.

그런 다음 트레이드(Trade, 배치전환)를 고민합니다. 코칭과 교육을 통해 방법을 제시했지만 몇 달이 지나도 효과가 없거나 팀 성과가 더 떨어진다면, 업무나 팀 자체가 유난히 그 사람에게 맞지 않는 것이 아닌지 고려해 보아야 합니다. 본인도 이에 스트레스를 받고 주변에 푸는 것일 수도 있습니다.

마지막으로 독립적 업무 부여를 고민해봅니다. 능력은 뛰어나지만, 팀워크에 지대한 영향을 미친다면 아예 혼자 독립적으로 일할 수 있도록 조치합니다. 당연히 이 상황은 최후의 조치로 이렇게까지 되지 않도록 팀장은 최대한 노력을 기울여봐야 할 것입니다.

나는 (   ) 팀장이다

반대를 일삼는 적 같은 팀원을 아군으로 만드는 방법

같은 말을 해도 얄밉게 하고, 늘 반대를 위한 반대를 일삼는 이들이 있습니다. 가끔 만나는 사이라고 해도 긴장하게 되고 기분이 상하는데, 자신이 관리해야 하는 팀원이 그렇다면 쓸데없이 많은 감정 에너지가 소모될 것입니다. 이럴 때 팀장은 어떻게 그런 팀원들을 대해야 인정받는 팀장이 될 수 있을까요? 팀원의 감정을 관리하고 그들에게 효과적으로 말하는 방법을 배워봅시다.

EPISODE.

부하 직원들 중 공격적이고 자기주장이 강한 성향이 있는 이가 있습니다. 사사건건 자신의 주장을 너무나 강력하게 피력해서 무척 부담스럽습니다. 회의할 때도 자신의 의견을 강하게 내는 것은 그렇다 치더라도 팀장이 이야기하는 것에 대부분 반대 의견을 냅니다.

물론 자기 생각에 소신 있게 다양한 의견을 내는 것은 좋지만, 다른 팀원들도 많은데 팀장에게 반항하는 느낌을 주기도 하고 때로는 일부러 반대 의견만 내는 것 같다는 생각까지 듭니다.

하루는 서류를 작성하는데 그것이 마음에 들지 않아 한 팀장이 원하는 방향을 설명했습니다. 안 팀원의 반응은 팀장이 원한 반응이 아닌 반대의 반응을 보였습니다.

"이번에 작성한 신사업 기획서는 너무 앞서간 느낌이 있는 것 같은데요, 조금 현실적인 사항을 고려하고 다른 회사 레퍼런스도 꼼꼼히 챙겨서 수정했으면 합니다."

"한 팀장님, 너무 고루하고 원론적인 말씀 아니신가요? 저는 이것이 맞는다고 생각합니다. 요즘 같은 시대에는 이런 아이디어가 훨씬 새롭고 창의적이지 않나요? 팀장님 생각은 10년 전에나 통했던 아이디어 같은데요."

"안 팀원 아이디어가 이상하다는 것이 아니라 우리 회사 현실에서는 아직 너무 앞서간 거라는 의미입니다. 현실을 고려하지 않는 창의적인 아이디어는 아무런 의미가 없는 거예요."

나름 고민해서 피드백을 준 것인데 그 피드백을 자신의 기준대로 판단해 버립니다. 물론 팀장의 생각이 고루할 수도 있겠지만 지금까지 한 팀장이 해 온 업무 스타일로는 분명히 잘못된 방향이어서 지적을 한 것인데 그것을 가지고 '꼰대 같다느니, 과거에나 그렇게 했다'라는 둥 너무 부정적으로 피드백할 뿐입니다. 기분도 나쁘고 팀장한테 어떻게 그렇게 말을 할 수 있는가 싶고, 이것은 리더에 대한 도전이 아닐까 하는 생각도 듭니다.

나는 (   ) 팀장이다

물론 여러 상황에 대한 내 생각과 감정을 이야기하지 않은 것은 아닙니다. 종종 강하게도 이야기하면서 회유도 하는데 안 팀원은 도대체 변하는 것이 없습니다. 자신이 바르다고 생각하는 것은 팀장이 아무리 설득을 해도 소용이 없습니다.

팀장이 강하게 이야기하면 그냥 침묵을 지키고, 설득하려 하면 자신의 주장을 오히려 더 강하게 이야기하면서 팀장을 설득하려 합니다. 업무도 업무지만 정신적으로 스트레스가 너무 크고 팀장의 리더십에 도전받는 것 같아서 회의감이 듭니다.

💬 이럴 땐 이렇게 해보세요

이런 상황에서는 팀장과 팀원의 관계를 먼저 살펴봐야 합니다. 업무적인 스타일 문제일 수도 있지만, 감정적으로 팀원이 팀장을 불편해하는 것은 아닌지 생각해 봐야 합니다. 부하 직원과의 관점이나 성격적인 차이로 인해서 소통의 어려움이 있을 수도 있습니다. 더불어 관계적인 측면에서 상사가 싫다면 상사의 지시대로 하고 싶지 않은 마음이 듭니다. 관계에 어려움이 있다면 부하 직원과의 신뢰 관계에 대해서 먼저 생각해봅니다.

리더로서 팀원들에게 얼마나 신뢰감을 주셨나요? 업무 능력이나 관계 능력 모두 생각해 볼 필요가 있습니다. 평소 업무 역량적으로 팀원들에게 신뢰를 주지 못했다면 자신이 더 일을 많이 하고 잘한다고 생각하는 팀원들이 리더의 업무 코칭을 잘 받아들이지 않는 경우가 많습니다. '일도 못 하면서 어디 나한테 지적질이야?'라는 생각을 한다는 것이죠.

그래서 이런 상황에서는 팀장이 자신이 리더임을 명확하게 팀원들에게 이야기해 주고, 불편하거나 어려운 부분은 허심탄회하게 대화를 통해 불만이나 개선 사항들을 이야기할 수 있도록 분위기를 만들어 봅니다.

리더십 전문가인 스티븐 코비(Stephen R. Covey)는 사람들의 관계에는 감정 은행 계좌가 있다고 합니다.

우리가 은행에 저축하는 계좌가 있듯이, 감정 은행 계좌란 인간관계에서 구축하는 신뢰의 정도를 은유적으로 표현한 것입니다. 다시 말해 다른 사람에 대해 가지는 안정감을 말하는 것입니다. 감정의 계좌에 저축이 많이 되어 있으면 가끔 잘못해도 회복이 빨리 됩니다. 하지만 감정 은행 계좌의 양이 조금 줄어든 것뿐인데 감정 은행 계좌의 잔액이 바닥이라면, 한 번의 갈등이나 실수에 좋지 않은 말이 먼저 나가거나 한 번의 실수를 전체로 일반화하기도 합니다. 따라서 팀장과 팀원의 상호 감정 계좌는 어느 정도인지 생각해 볼 필요가 있습니다.

만약 팀원이 팀장에 대한 신뢰의 감정 은행 계좌가 바닥에 있다면 감정 계좌의 잔고를 높일 수 있도록 해야 합니다. '부하 직원의 잘못된 행동에는 반드시 어떤 이유가 있을 것'이라는 생각을 통해 근본 원인을 찾기 위해 노력합니다.

이번에는 대화법에 대해 구체적으로 설명하겠습니다. 부하 직원이 행동이 무례하다고 생각할 때 대화를 하는 방법에 있어서 자신의 감정을 직설적으로만 표현하지 말고 아이 메시지(I-Message)를 사용해서 설득하면 좋습니다. 팀장이 화가 난 상황에서 감정을 바로 표현하게 되면 부하 직원들이 아예 말을 하지 못하거나 감정이 상해서 정작 해야 할 말을 하지 못하고 서로 불편한 상황을 만들게 되는 경우가 많습니다.

아이 메시지는 진정한 나를 표현하기 때문에 개방적이고 솔직한 인상을 주면서 상대방을 이해시킬 수 있고 협력적인 분위기를 만들 수 있지만, 유 메시지(You-Message)는 상대방을 중심으로 비난하기 때문에 상처를 줄 수 있고 일방적이며 공격적이어서 상대방에게 저항감을 느끼게 합니다. 특히 유 메시지는 상대방을 비난한다는 점에서 폭력적인 말하기라고 할 수 있습니다. 아이 메시지 표현 스킬 프로세스는 다음과 같습니다.

- 나는 ~할 때 (상황/행동)
- ~라는 느낌이 듭니다. (감정)
- 왜냐하면 ~ (이유)
- 그래서 말인데요 ~ (조치/희망 행동)

안 팀원에게 위의 프로세스에 따라 아이 메시지 표현으로 말하면 좋습니다.

Step 1 (상황/행동): 안 팀원, 안 팀원이 내가 보고서에서 피드백할 때 매우 불쾌함을 표현했는데요.
Step 2 (감정): 그때 나는 조금 당황스럽기도 하고, 서운한 느낌이 들기도 하네요.
Step 3 (이유): 왜냐하면 나는 좋은 보고서를 만들기 위해서 나름 고민해서 피드백했거든요.
Step 4 (조치/희망 행동): 물론 나의 피드백이 다 옳은 것은 아닐 수도 있고,

내가 말할 때 나도 마음이 상하다 보니까 말투가 적절하지 않았을 수도 있습니다. 만약 나와 생각이 다르다면 구체적으로 무엇이 다른지, 왜 그렇게 생각하는지 정확하고 구체적으로 이야기해 줄 수 있겠어요?

이렇듯 팀원과 대화할 때는 자신의 감정을 솔직하게 이야기합니다. 팀장도 다른 팀원들 앞에서 매번 수치심이 느껴질 정도로 기분이 상한다는 사실을 매너 있는 말투로 전달합니다.

당장 변하지 않을지는 몰라도 다음날부터 팀장이 했던 말이 생각나기에 한마디를 하더라도 조심성 있게 하거나, 팀 전체 회의 시 말투를 신경 쓴다거나 노력하는 부분이 생길 것입니다.

팀장이 솔직하게 다가가 줄 때 팀원은 팀장에 대해 '자신의 행동이 너무했나?' 싶은 생각을 해보게 되는 계기가 됩니다. 그에 따른 행동 요구를 하게 되면 팀원도 설득이 되어 자기 생각을 이야기하고 그 안에서 서로 협의를 할 수 있는 여지가 생길 것입니다.

나는 (   ) 팀장이다

개인의 가치가 중요한
MZ 세대를 제대로 이끄는 법

팀의 성과 보다 개인의 가치가 더 중요한 Z 세대 팀원들. 그들은 마치 '세상의 중심은 나야 나'라고 외치는 것 같습니다. 개성은 강했으나 관료주의적인 문화를 어느 정도 받아들이는 X 세대 팀장들과는 달리, 그들은 납득이 되지 않으면 움직이지 않는 그리고 무엇보다 내가 먼저인 세대입니다. 이들과 조화롭게 지내는 법을 살펴봅니다.

EPISODE.

한 IT 회사의 프로젝트 시스템 오픈 2주일 전입니다. 이제 프로젝트도 끝나가고 있지만, 발주처가 요청한 시스템 개시 일을 맞추기 위해 모든 프로젝트 팀원이 몇 주째 정신없이 업무를 하고 있습니다. 그런데 얼마 전 프로젝트팀 막내 홍 사원이 강 팀장을 찾아와 이번 주 하루 휴가를 꼭 써야 할 일이 생겼다고 합니다. 강 팀장은 이 바쁜 와중에 휴가를 가겠다는 막내 팀원이 썩 맘에 들지 않습니다.

"팀장님, 저 죄송한데요, 이번 주 목요일 하루 휴가를 다녀와야 할 것 같습니다."

"네? 지금 시스템 오픈 일이 이 주일도 안 남았는데 지금 휴가를 가겠다고요?"

"네, 다들 바쁘신 건 잘 알지만, 개인적으로 중요한 일이 있어서 꼭 휴가를 가야 하는 상황입니다."

"사유를 물어보는 게 불편할 수 있겠지만 상황이 상황인지라 어떤 이유로 휴가를 가야 하는지 들어보고 판단하는 게 좋을 것 같네요."

"죄송하지만, 사유는 말씀드리기는 곤란해요."

"뭐라고요? 곤란하다구요? 너무한 거 아니에요? 이유도 말해주지 않고 이 바쁜 시기에 휴가를 가버리면 나머지 사람들은 어떻게 일하라는 겁니까? 벌써 2주 넘게 야근하고 밥도 제대로 못 먹어 가며 다들 힘들게 일하고 있는 거 뻔히 알면서 이래도 된다고 생각하나요?"

얼마 후 강 팀장은 다른 팀원을 통해 홍 팀원이 B 아이돌의 콘서트에 참석하기 위해 새벽부터 줄을 서야 하므로 휴가를 사용했다는 사실을 알게 되었습니다.

🗨 이럴 땐 이렇게 해보세요

 팀원 모두가 프로젝트 목표 달성이라는 하나의 공동 목표를 위해 달려가고 있는 상황에서 팀의 목표보다 개인의 삶을 더 중요

나는(　)팀장이다

하게 여기는 팀원의 행동은 당연히 불편할 수 있습니다. 팀 내 한 사람의 이기적인 행동이 팀워크에 영향을 줄 수도 있습니다. 다른 팀원들이 모두 이 사실을 모른다면 그나마 다행이지만, 알고 있어서 겉으로는 '이해한다, 다녀오라'고 하더라도, 모두 고생하는 상황에서 이해하는 척을 하는 팀원들도 분명히 생길 수 있습니다.

이런 점을 고려하여 팀장은 우선 일 대 일 면담을 통해 우리 팀의 목표를 명확히 전달하고 홍 팀원에게 기대하는 역할도 다시 한번 전달해야 합니다. 마감 기간 내에 홍 팀원의 과업이 문제없이 진행되고 있는지, 휴가를 다녀온 이후에도 과업에 지장이 없는지 상호 협의를 통해 조율합니다.

휴가에서 복귀한 이후 팀에 어떻게 이바지해 주길 기대하는지 기대 사항을 알려줍니다. 혹시 홍 팀원의 휴가 기간 중 발생 가능한 상황을 고려하여 다른 팀원에게 업무 인수인계가 이루어질 수 있도록 팀 내 그라운드 룰(Ground Rule)을 사전에 정합니다.

프로젝트 시작 단계에서 팀원들의 의견을 수렴하여 프로젝트의 성공적인 완수를 위해 지켜야 할 항목을 정하거나 우리 팀만의 일하는 방식을 사전에 결정하는 것도 하나의 방법입니다. 프로젝트의 진척 단계에 따라 초기에는 휴가 사용은 허용하더라도 프로젝트 막바지에는 허용 가능한 범주를 미리 알리는 것이 가장 효과적인 방법입니다. 이러한 그라운드 룰이 지켜지지 않는 팀원의 경우 조직 구성원으로서 지켜야 할 협업의 중요성을 강조해야 합니다.

가치관이 다른 세대 간에 한쪽의 입장만을 강조하게 되면 분명히 갈등이 생깁니다. 리더는 갈등을 줄이려는 방법으로 사전에 원활한 프로젝트 진행을 위한 원칙과 기준을 합의하고 그것을 지키도록 요구해야 합니다. 매번 발생하는 일에 서로 다른 가치관의 차이를 내세우며 갈등을 반복하지 말고 공통의 행동 약속을 정하는 것이 바람직합니다.

더욱이 주 52시간 근무제라는 한정된 시간과 2019년 7월 16일부터 시행된 직장 내 괴롭힘 금지법, 워라밸을 중요시하는 MZ 세대의 가치관까지 챙겨야 하는 상황에서는 팀장의 팀원에 대한 코칭 상황도 더욱 다양할 수밖에 없습니다. 특히 휴가는 근로자의 권리이기 때문에 정당한 사유 없이 휴가를 못 쓰게 하거나 못 가게 하는 경우 직장 내 괴롭힘에 해당할 수 있어 유의해야 합니다.

주 52시간 근무 시대에 팀장의 역할과 책임은 과거 어느 때보다도 막중해지고 있습니다. 정해진 시간 내에 팀원의 능력을 최대한 끌어내 주어진 과업을 완수해야 합니다. 무엇보다 팀의 목표가 명확하고 과업의 방향성을 정확히 팀원들에게 이해시켜야 하고, 팀원의 각기 다른 의견을 프로젝트에 반영시켜 개개인의 성취감과 성장도 챙겨야 합니다. 더불어 팀장은 항상 한 사람이 빠지더라도 업무 수행에 문제가 생기지 않도록 대비합니다.

피드포워드는 미래에 대한 대안을 제공할 때

과거에 이미 벌어진 것을 다루는 피드백이 아니라

미래의 성공을 위한 정보를 미리 제공하는 기법을 말합니다.

피드포워드는 어떤 사안이나 문제에 대한

미래 지향적인 아이디어나 대안을 제공하는 것이 중요합니다.

어떤 사안에 대해 수많은 가능성을 열어두고, 다양한

아이디어를 함께 듣는 것을 목표로 합니다.

피드포워드는 그래서 아직 일어나지 않은, 실행 가능한,

변화 가능한 미래의 일을 중심에 두어야 합니다.

피드백이 과거의 실패에 대한 기억을 강화한다면

피드포워드는 미래의 변화 가능성에 관한

생각과 의지를 강화하게 합니다.

NINE

TEAM

LEADERSHIP

PART 2

나는 (효율을 높이는) 팀장이다

일의 원칙과 융통성 사이에서
팀원의 신뢰를 얻는 법

팀원이 진상 고객을 상대하고 있습니다. 팀원은 규정에 따라 일 처리를 하려고 하지만 고객은 막무가내입니다. 점점 언성이 높아지고 있는 현장에서 원칙과 융통성의 경계선에 선 팀장. 그는 어떤 기준으로 어떻게 지시를 해야 할까요?

EPISODE.

박 팀장은 매장관리 경력 15년 차인 베테랑이자, 5년 차 팀장입니다. 그리고 담당자인 최 팀원은 이제 매장관리 업무를 시작한 지 1년 6개월밖에 되지 않은 신입 사원입니다.

어느 날 백화점 매장을 방문한 한 고객이 누가 보더라도 분명히 입고 다녔던 티가 나는 옷을 가져와서는 '본인은 한 번도 안 입었고, 자기가 원하는 스타일이 아닌 것 같다'라며 환불을 요청했습니다. 하지만 다림질로 펴려 했던 흔적이 보였고 도저히 받아들일 수 없는 상황인지라 정중하게 '환불이 불가'하다고 설명했습니다.

나는 (   ) 팀장이다

게다가 본 매장이 아닌 이벤트 매장에서 구매한 상품이라 일주일 내에만 환불이 된다는 것이 영수증에 기재되어 있었고, 결제 시 해당 내용을 분명하게 공지하게 되어 있어 그 부분에 빨간색으로 밑줄 치며 설명까지 했던 흔적이 남아 있었습니다. 그런데도 고객은 계속해서 환불을 요구하며 고집을 부리고 있었습니다.

재고 정리를 하고 있던 박 팀장이 시끌벅적한 소리에 무슨 일이 있나 싶어 매장 뒷문에서 나타났습니다. 팀장은 팀원에게 무슨 일인지 물어보고 상황을 전달받은 다음에는 "이번 한 번만 환불해드려요."라고 고객 앞에서 팀원에게 지시했습니다.

규정상 환불 불가한 것을 아는 최 팀원은 '이러면 안 되는 것 아니냐'고 팀장에게 한 번 더 문의했습니다. 그렇지만 팀장이 '그냥 해드리라'고 지시하는 바람에 어쩔 수 없이 환불을 해주어야 하는 상황에 이르렀습니다.

그러자 그 고객은 당당하다는 듯이 오히려 소리를 더 질렀고, 몇 번이고 안 된다고 말했던 최 팀원을 가끔 째려보았습니다. "이래서 윗사람과 얘기해야지 일반 사원에게 말하면 답도 안 나오고, 내 목만 아프다니까."라면서 자신의 행동을 정당화하려는 듯 억지를 부렸습니다.

🗨 이럴 땐 이렇게 해보세요

 최 팀원은 온 힘을 다해서 업무 진행의 원칙대로 '환불이 안 된다'라는 규정에 대해 매너 있게 설명하며 응대하고 있었습니다. 하지만 박 팀장은 그 당시 매장 현황 파악이 부족하여 일의 우선순위를 간과한 채 고객 응대를 하고 있습니다. 그렇다면 팀장이 고객과 팀원 모두에게 긍정적인 결과로 이어지게 하려면 어떻게 해야 할까요?

먼저 팀원의 참여(업무 진행)입니다. 고객 응대 현장에서는 생각지도 못한 상황이 수없이 벌어집니다. 너무 큰 소리를 많이 내고, 바쁜 시간대에 이런 일이 벌어진다면 오히려 환불해주고 일을 완료한 후 다른 일반 고객에게 하나라도 더 판매하는 것이 매장 전체 매출에는 더 도움이 될지도 모릅니다. 따라서 팀장은 규정상 불가능하지만 때로는 더 큰 목적을 위해 이런 규정을 한 번쯤 어기더라도 환불을 진행하게 될 수도 있습니다.

하지만 규정대로 '열심히 환불이 안 된다'고 얘기했던 팀원의 노력을 무시한 채 고객과 매장 수익만을 위해서 환불을 진행할 수는 없습니다. 따라서 일방적으로 팀장이 환불해주라고 지시한다면 부작용이 생길 수 있습니다. 다음에 다시 이러한 상황이 생기면 팀원이 주도적으로 문제를 해결해나가기보다는 바로 팀장에게 '어떻게 하면 되는 지'를 묻는 수동적인 업무 태도를 보일 수 있기 때문입니다.

원칙대로 행동했다가는 지난번과 같이 본인만 고객 앞에서 자격지심을 느끼게 될 수 있습니다. 팀장이 본인이 왜 그런 지시를 했는지 그 이유에 대해 납득할만한 이유를 설명조차 해주지 않고 팀장의 명령에 따르라는 듯한 태도는 부하 직원과 팀장의 신뢰에 부정적인 영향을 주기에 충분했기 때문입니다.

현명한 팀장이라면 그 고객이 떠난 후 팀원에게 '아까 팀장인 자신이 매장에 없었다면 어떻게 해결하려고 했었는지'에 대해 먼저 물어봅니다. 그리고 팀원의 이야기를 충분히 들은 후 그 상황에 대한 설명을 이어가는 것이 좋습

나는 ( ) 팀장이다

니다. 이렇듯 원칙에 어긋나는 상황에 대해서 특별한 대응을 하였다면 팀원의 의견을 묻고, 그에 대해 충분히 납득할 수 있도록 대화를 해갑니다.

다음으로 팀장의 설명(의사결정과 설득)입니다. 팀원이 충분히 매너 있게 원칙과 형평성에 어긋나기 때문에 안 된다는 것을 설명했음에도 불구하고 팀장은 고객의 말만 듣고 환불을 진행시켰습니다. 팀장은 오늘 업무 마무리 전에 팀원의 행동과 본인 결정에 대한 면담 및 코칭을 진행해서 상황을 이해시키거나 같은 상황이 벌어질 때 어떻게 해결해야 하는지에 관해서 이야기를 나누는 시간이 필요합니다.

세 번째는 팀장의 기대와 결정 의도입니다. 원칙을 지키며 매너 있게 안 된다는 내용을 전달한 팀원에게 현실적으로 실적과 판매도 많은 날이라서 바쁜 시간대에 1명의 고객 때문에 매장에서 큰 소리를 내는 것보다 전체적인 관점에서 내린 결정이었다는 의미 전달이 필요합니다. 또한, '원칙적인 관점에서 성실하게 일해주어서 고맙다'는 인정과 지지의 표현도 해야 합니다. 불편하고 힘든 상황으로 인해 팀원이 상처받거나, 자신이 틀렸다고 생각하지 않도록 하는 단계가 반드시 있어야 합니다.

〈하버드 비즈니스 리뷰(Harvard Business Review) 중 '공정한 프로세스(Fair Process)' By W. Chan Kim and Renee Mauborgne (2003)〉에서 제시한 공정한 업무 처리 절차(Managing in Knowledge Economy)는 다음과 같습니다.

먼저 팀원의 참여(Engagement)를 유도합니다. 그런 다음 내려진 결정에 대해 충분히 설명(Explanation)합니다. 바로 이 일을 통해 무엇을 기대하며 그런 결정을 했는지(Expectation Clarity)에 대해 상세히 얘기합니다. 이와 같은 상황의 대화는 경험이 부족한 팀원이라면 완벽하게 이해가 안 되고, 가슴 속에서 원칙을 지키는 것이 옳다고 생각하는 팀원이라면 더더욱 억울하게 느껴질 수 있습니다. 그 구체적인 방법은 다음과 같습니다.

먼저 팀원의 참여(Engagement, 업무 진행)를 유도합니다.

"○○ 씨, 아까 막무가내 환불을 요청하는 고객님 응대하고 나서 마음 많이 상했죠? 응대하느라고 애썼어요(상황을 처리하느라 애쓴 팀원에 대한 인정과 격려).

환불 규칙이나 기간이 지나서 안 된다고 여러 번 말씀드렸음에도 불구하고 계속 얘기하는 분들 응대하느라 고생이 많지요? 게다가 다른 고객님들도 있는 상황이어서 더욱 당황했을 거예요. 고객이 그렇게 소리 지르면 머릿속이 하얘질 때가 많은데 아까 차분하게 응대를 잘 하더라고요.

만약 오늘 같은 상황에서 내가 현장에 없었다면 ○○ 씨는 어떻게 일 처리를 하려고 했어요? ○○ 씨가 생각했던 방법이 있나요(팀원의 생각을 대화 초반부에 물어보고 하고 싶었던 이야기를 하게 하거나, 자신이 미처 생각하지 못했던 것들까지 들어볼 수 있는 시간을 만드는 것이 좋음)?"

다음으로 팀장의 내려진 결정에 관해 설명(Explanation, 의사결정과 설득)합니다.

앞서 팀원의 이야기를 다 들어본 후, 특히 이때 놓치는 내용 없이 선택적 경청이 아니라 반드시 적극적 경청을 합니다. 질문만 던지는 것이 중요한 게 아니라, 그 내용을 잘 듣고 그 내용을 바탕으로 다음 이야기를 이어가는 것이 팀원과 팀장이 신뢰를 쌓는데 좋은 태도입니다.

"당연히 ○○ 씨의 응대 방법이 맞았어요. 하지만 제가 환불을 해드렸던 건 거시적인 관점에서 생각했을 때는 환불이 더 현명하다고 판단했기 때문이에요. 아까 고객님도 앞에 계시고, 가신 후에도 ○○ 씨에게 바빠서 얘기를 못 했어요. 그래서 지금 퇴근하기 전에 얘기하는 거니까 이해해 주세요."

세 번째, 팀장의 기대와 결정 의도(무엇을 기대하며 그런 결정을 했는지 Expectation Clarity)를 전달합니다.

"저는 다른 고객님들께 방해가 되는 상황이라면 빨리 환불해드리고 보내는 게 좋다고 봅니다. 그래야 우리로서도 에너지 낭비가 덜 하고 다른 고객에게 집중하면서 판매를 높일 방법이라고 생각해서 환불하라고 한 겁니다.

이런 상황이 이해도 안 가고, 원칙도 지켜지지 않아서 고객 앞에서 속상했죠? 고생했어요! 현장이 우리 마음처럼 움직여지지 않지만, 오늘 ○○ 씨가 할 수 있는 만큼 매너 있게 온 힘을 다해 응대했으니 고생 많았고, 힘냅시다. 오늘도 수고하셨습니다."

핵심은 팀장이 상황을 이해하고 있다는 것을 하루가 지나기 전에 대화로 언급해서 얘기해준다는 것입니다. 팀장의 결정이 '공정함'이라고 판단하기에는 무리가 있지만 '상황별 융통성' 측면에서 본다면 '아, 내가 아직 보지 못하는 것까지 팀장님은 보면서 일 처리를 하시는구나.' 하고 이해하게 될 수도 있습니다. 결과적으로 팀원은 문제에 대한 상황인식과 이해가 높아지며 역량이 향상될 것입니다.

게다가 자신이 그 고객으로 인해 속상했던 자신의 마음을 알아주는 그 한마디가 무엇보다 고맙게 느껴질 것입니다. 이것이 인정과 격려이기 때문입니다. 팀장의 이런 공정성을 기반으로 한 프로세스(Fair Process)는 수많은 업무 현장에서 반복되면서 신뢰를 쌓을 수 있으며, 현장에서 상황별 융통성을 가지고 주도적으로 업무에 임할 수 있는 바탕이 될 것입니다.

누군가는 반드시 해야 하는 일을 지시하는 법

현업으로 누구나 바쁜 상황에서 상사 지시로 인한 프로젝트가 갑자기 주어질 때가 있습니다. 이럴 때 팀장은 늘 난감합니다. 자신이 모든 걸 다 할 수는 없고 본인과 협의하면서 진행할 실무자는 반드시 있어야 하기 때문이지요. 이럴 때 늘 적극적으로 의견을 제시하거나 일 잘하는 팀원에게 업무가 몰리게 됩니다. 그럴 때 팀장은 어떤 리더십을 발휘해야 할까요?

EPISODE.

김 팀장은 연구부서 6년 차 경력에 기획팀 팀장 경력은 1년입니다. 성 부장님과 미팅을 마치고 나온 김 팀장은 부서 내 10명의 팀장 중 가장 젊고 트렌드 감각도 좋습니다. 어느 날 '부서의 5년 후 비전을 구체적으로 그려오라'는 부장님의 지시를 받았다며 팀원들에게 회의를 요청합니다. 얼마 전 큰 프로젝트를 훌륭한 성과로 마친 상태라 부서원들 모두가 지쳐 있었고 누구든지 부장님의 지시 사항을 맡

나는 ( ) 팀장이다

고 싶지 않았습니다.

　김 팀장은 월요일 아침부터 부담 가는 업무를 지시하면 당황할 것 같이 간략하게 주제에 관해서만 얘기하였습니다. 그런 다음, 각자의 생각과 아이디어를 정리한 후 점심 식사 후 오후 2시경 다시 모이자고 했습니다.

　하지만 다시 미팅에 모인 팀원들은 의견을 내라는 팀장의 말에 아무런 대답도 없이 업무 노트만 바라보고 마냥 무표정하게 고개를 숙이고 있습니다. 보다 못한 팀장은 아무도 말을 안 하니 시계 방향으로 돌아가면서 얘기해보자고 했고 팀장 옆에 앉아있던 팀원부터 한마디씩 하게 됐습니다. 어쩔 수 없이 팀원 한 사람이 얘기하면 그다음 순서인 팀원이 동의 의견을 표시한 뒤 약간의 본인 의견을 덧붙여 나가는 형태로 진행되었습니다.

　회의가 뒤로 갈수록 발표하는 팀원들의 의견은 더 다양해졌습니다. 당장 투입되는 Z 프로젝트(현재 진행 중인 건)로 다들 바빠지고 참여하기 어렵겠지만 부장님 안건의 대상은 정해졌습니다.

　결국 평소 업무도 야무지게 잘하며 회의 시 의견도 늘 적극적으로 냈던 팀원이 그 업무를 담당하게 되었습니다. 다른 팀원들은 '나만 아니면 돼' 하며 안도의 숨을 쉬는 모양새입니다. 하지만 부서의 5년 뒤 비전 수립 업무를 맡게 된 팀원은 걱정이 가득한 얼굴이 되어 버렸습니다.

단지 '일을 잘한다'라는 이유만으로 한 사람에게 업무가 집중되는 상황이 종종 생깁니다. 팀장인 리더로서는 중요한 일을 아무에게나 맡길 수 없기도 하지만, 촉박한 시간 내에 항상 최고의 성과를 내야 하는 상황에서 결국 이와 같은 상황이 생기는 것이지요. 담당자가 된 팀원은 처음에야 무리해 가면서라도 버텨내겠지만 몇 번 진행되면 지치고, 불합리하다는 생각이 들며, 동기부여가 되지 않아 업무 성과마저 떨어집니다. 몇 번 이런 현상이 반복되면 당사자는 지치기 마련입니다.

메인 담당자가 1명 있고, 다른 사람들이 서로 도와주겠다고 하지만 막상 짐을 들 때 1~2명이 약간 힘을 덜 줘도 상자가 들린다면 힘을 약간 빼고 무임승차하는 팀원들도 많이 보게 됩니다.

그렇다면 '팀원 모두가 알아서 돕겠지…'라고 약간은 무관심인 척하고 기다려주는 것이 그들을 성장시키고 돕는 최선일까요? 그렇지 않습니다. 반드시 같은 무게감으로 일할 수 있게 하는 시스템이 필요합니다. 그렇다면 이런 상황에서 리더로서 팀장은 어떻게 해야 좋을까요?

먼저 담당한 팀원에게 물질적/정신적 혜택이 주어지는지를 살펴봅니다. 업무를 담당하게 된 팀원의 성취감이 무엇보다 중요합니다. 이를 위해서는 책임 의식을 가지고 내 일처럼 할 수 있도록 동기부여가 되어야 합니다. 구체적으로 말해 '그 업무를 맡음으로써 자신이 얻게 되는 혜택(물질적, 정신적)이 무엇인가를 구체적으로 제시해 주는 것'이 좋습니다.

팀원에게 업무 분장을 할 때 주의해야 할 사항들이 있음을 명심하시기 바랍니다. '팀원이 본인의 힘으로 해냈다는 자부심'을 느낄 수 있도록 해야 합니다. 또한, 본인의 경력 성장이 되는 독립적 성과 측정으로 합의를 해주어야 합니다. 이는 개인의 성과 및 보상으로 실질적인 보상을 받는 프로세스로 만들어 가는 방법입니다. 내재적인 보상이 아무리 중요해도 결국 외재적인 동기부여가 부족하면 지속적인 성과를 기대하기는 어렵기 때문입니다.

특히 MZ 세대가 대거 유입되는 조직일수록 자신이 한 일에 대한 공을 함께 나누기보다는 '내가 한 것은 나 자체로의 능력이 인정받기를 선호한다'라는 것을 명심하시기 바랍니다.

다음은 권한 위임으로 범위 공유를 통한 자율성을 부여합니다. 첫째, 의사결정자(팀장)의 권한 위임 범위 공유를 통한 자율적인 업무 수행이 가능하게 도와야 합니다. 자율성은 동기부여의 중요한 기초가 되기 때문입니다.

둘째, 어느 범주 내에서 업무를 계획하고 권한을 가지며 프로젝트를 할 수 있는지 알려주어야 합니다. 이를 통해 권한을 위임받고 책임을 다하게 될 것입니다.

셋째, 일하는 방식(Way)을 정해야 합니다. 수평적 조직문화가 정착되어 상시 열린 의사소통이 가능해야 업무 분장이 협의 및 합의가 되고 모두의 만족을 끌어낼 수 있습니다. 팀원 상호 간의 의견과 쟁점들이 건설적으로 대립할 수 있는 환경을 조성하고 미팅의 결정 사항이 즉각 팀에 반영되는 일하는 방식이 정착되어야 합니다.

혼자는 해결하기 어려운 문제나 의제도 팀의 집단 창의성으로 해결되고 360도로 팀의 제도와 팀원이 지원해줄 수 있는 문화가 형성될 때 팀원은 진심으로 열정을 다하게 됩니다.

넷째, 지원 가능 범위 내 퍼실리테이션 스킬을 활용합니다. 업무를 진행하다 보면 점진적으로 줄어드는 팀원 수를 고려하여 업무를 내 외부 업무로 구분하여 진행할 필요가 있습니다. 내부 팀원이 진행할 수 있는 일과 외부 업체가 진행할 업무를 구분해야 합니다. 내부 인력 내에서 해결 가능한 업무는 무엇이고 관련 부서는 어디인지, 유사 프로젝트를 진행한 선배의 관점과 조언 및 관련 문서 등을 참고하여 업무를 수행할 수 있게 지원해야 합니다.

내부	팀원이 진행할 수 있는 일	– 관련 부서 목록 – 관련 문서 목록 – 유사 프로젝트 수행 선배의 관점과 조언
외부	아웃소싱	– 외부 용역 – 전문 컨설팅 기관

위 상황의 팀원은 계속되는 업무에 대한 마음 부담과 다른 팀원에게 넘겨 줬으면 하는 심정으로 몹시 힘들 수 있습니다. 만약에 현재 팀으로 발령받아 온 지도 얼마 되지 않은 상태라고 한다면, 그는 '과연 이렇게 업무를 진행하는 방식이 진정 팀에 도움이 되는가?'라는 의문도 들것입니다.

이러면 팀의 의사소통 방식과 채널을 검토해 볼 필요가 있습니다. 특히 팀장의 의사소통 방식에 대해서 점검하고 나아지려고 노력해야 합니다. 회의 및 미팅에서 팀장의 역할은 리더이면서 퍼실리테이터(Facilitator)의 수행도 필요한 시대입니다. 좀 더 쉽고 경쾌하게 문제를 해결하고 결정해 나가는 퍼실리테이션 스킬을 적용하여 팀원 모두가 합의를 이끌어 가는 노력이 필요합니다.

지금의 미팅 방식으로 업무를 어쩔 수 없이 떠밀려 맡게 된 팀원에게 팀장으로서 할 수 있는 제일 나은 방법은 일에 대한 이해와 추진 방법을 협의하고 제안하는 것입니다.

　　　　　　　　　　　　　　　　　　　　　　나는 (　) 팀장이다

업무를 분장할 때, 다른 팀원들이 너무 한 팀원에게 치우쳐 있어 상대적 박탈감을 느끼지 않도록 해야 합니다. 괜히 해당 팀원에게 업무를 맡기는 것이 미안해서 업무를 맡은 직원에게 과장된 칭찬을 하여 옆 동료들이 오히려 그 직원을 돕기 싫어하게 되거나, 팀 내 갈등으로 번진다면 문제가 생길 수 있습니다. '내가 도와줘 봤자 저 팀원 고과에나 도움되는 일이지 내게 도움이 되겠어?' 하는 생각이 들 수 있습니다. 그래서 업무를 배분하고 지시할 때는 업무별 특성과 강점을 알고 이유와 근거에 따라 진행하는 것이 일의 효율을 높이는 데 정말 중요합니다.

또한, 팀장을 제외하고 팀원들 간에 자발적으로 서로의 능력을 이야기하고 스스로 업무 분장을 하게 하는 방식도 좋습니다. 이때 아무도 하려고 하지 않아서 결국 맨 위의 선배가 알아서 배정하는 것은 팀장이 하는 것과 별다르지 않으니 수평적 소통을 통해 정할 수 있도록 합니다.

만약 부서의 5년 후 비전을 설정하는 이 업무라면 팀장은 이 프로젝트의 진행 상황을 총괄해야 하는 의사결정권자(Accontable)가 됩니다. 하지만 팀장이 혼자서 모든 것을 다 할 수 없어서 업무별로 담당자가 나뉘어야 합니다.

68페이지의 표에서처럼 업무 B는 갑 팀원이, 업무 C와 D는 정 팀원이 맡는 등 각자에게 강점이 있는 분야에 대해 실무담당자(Responsible)가 됩니다.

그런데 이들 또한 완벽하지 않을 수 있습니다. 이런 경우에는 과거에 유사한 업무를 맡았거나, 관련 분야에 대한 전문지식이 있는 팀원에게 업무 수행 조언자(Consulted)가 되게 하여 프로젝트의 성과를 높이는 방법이 있습니다.

마지막으로 직접적인 이해관계자는 아니지만, 내부에 관련 업무 진행 내용을 알아야 하는 마케팅 담당자 또는 재무 담당 등 관련 부서 사람들이 결

실무 담당자(Responsible), 프로젝트 의사결정자(결과 책임자 Accountable), 이를 돕기 위한 조언자(Consulted), 업무 수행 결과를 통보받는 사람(Informed)

효과적인 팀 업무 분장: RACI 방식

| RACI 차트 예시 |

	구분	갑	을	병	정	무	기
	업무 A	C	I	I	–	R	A
수행 업무	업무 B	R	I	A	I	–	I
	업무 C	C	C	A	R	I	I
	업무 D	C	C	C	R	C	A

R Responsible (실무담당자) **A** Accountable (의사결정권자) **C** Consulted (업무 수행 조언자) **I** Informed (결과통보 대상자)

※ 출처: RACI 차트, 〈DBR〉 190호, 2015.12.이슈 1

과 통보 대상자(Informed)가 됩니다. 그렇다면 팀원들과 이렇게 대화해보는 건 어떨까요?

"물론 이번 프로젝트에서 최종 의사결정은 내가 하고 그에 대한 책임도 지게 됩니다. 하지만 실질적으로 하나부터 열까지 미팅, 회의, 협의 등 다 곁에서 보면서 도와줄 테니 김 대리가 알아서 진행해 주길 바랍니다."

"또한, 우리 부서다운 미래의 모습으로 비전이 만들어질 수 있도록 다른 팀원들에게 조언을 얻는 기회를 만들도록 도와줄게요. 미래 부서의 모습을 그린다는 것이 막연하고 어렵다는 것은 압니다. 그러나 오히려 애초부터 시작할 수 있는 하얀 도화지니까 색을 입히기 좋을 거라 생각되기도 해요.”

“혼자서 진행하면 어려울 테니 ‘2025 비전 어벤져스’ 군단을 꾸려보면 좋겠어요. 우리 팀원들 모두는 당연히 도와줄 것이고 내가 적극적으로 협조를 요청할게요.”

“업무 진행을 위해 먼저 팀에서 1명씩은 이 부분에 도움 줄 인력들이 있어야 그림을 그리지 않을까요? 그 부분에 대해서 누구와 어떤 일을, 어떻게 하는 것이 가장 효율적일지 직접 구상해서 알려주길 바랍니다. 그러면 다른 팀에게 ‘2025 비전 어벤져스’ 출범의 필요성과 필요 인력에 대해서는 내가 팀장들에게 업무 협조를 요청할 테니까 그렇게 한 번 해봅시다.”

“마지막으로 쉽지 않겠지만 한번 해보겠다고 의견 비춰줘서 고마워요. 앞으로 추진 기획을 정리하면서 제가 어떤 부분을 도와야 하는지 등에 대해서도 알려주면 좋겠습니다.”

팀장을 건너뛰고 상위 리더에게
보고하는 팀원 관리하는 방법

아무리 수평적인 조직을 지향하더라도 조직에는 보고 체계가 있습니다. 하지만 이를 무시하고 상위 상사에게 직접 보고하는 상황들도 생기게 됩니다. 잦은 보고 건너뛰기가 습관인 팀원에게 과연 어떻게 코칭해야 할까요?

▍EPISODE.

정 본부장은 초고속 승진으로 그 자리까지 올랐으며, 일 잘하고 추진력 좋고 항상 성과를 잘 내기 때문에 그의 밑에서 일하면 일도 많이 배우고 성장할 수 있습니다. 하지만 늘 일을 할 때 밀어붙이기 때문에 직원들은 과업에 시달리고, 스트레스가 많기도 합니다.

어느 날 경력 8년 차이자 팀장이 된 지 1년이 지난 김 팀장이 외부 고객사 미팅 건으로 차장 1명과 함께 외근을 나가 자리를 비운 오후였습니다.

정 본부장이 기획팀으로 다가와 '3일 전 얘기했던 건 더 미루지 말

나는 ( ) 팀장이다

고 지금 정리된 부분까지 얘기하고 빨리 추진하자'라고 합니다. 하지만 팀 내부에서 합의점을 조율 중이었고, 박 과장이 혼자서 현재까지 된 서류를 본부장님께 올리는 것은 옳지 않다고 판단되었습니다. 하지만, 경쟁사가 비슷한 모습으로 시장에 내놓을 제품 출시를 준비하고 있다는 얘기를 어디선가 전해 들은 본부장은 '상황은 알겠지만, 아무튼 대충이라도 좀 보자'라고 합니다.

박 과장은 1차 정리 내용을 가지고 본부장실로 들어갔습니다. 외근을 마치고 들어온 김 팀장은 이 상황을 전해 들었고, 유사한 사례가 한두 번이 아닌지라 더욱 화가 났습니다.

본부장님께서 이렇게 막무가내로 갑자기 요청하시는 것도 힘이 들지만, 본부장님이 박 과장을 워낙 인정하고 핵심 인재라고 생각하는 것도 불편합니다. 또한, 4년 차인 박 과장 자신도 그렇게 생각하고 있어서 그런지 몰라도 가끔 김 팀장을 건너뛰고 보고를 하곤 합니다. 급하다는 평계로 본부장님께 직접 보고하는 모습을 여러 번 경험한 팀장은 자신을 무시하는 처사라고 여길 수밖에 없었습니다.

💬 이럴 땐 이렇게 해보세요

조직에서 업무 보고가 차지하는 비중은 굉장히 높습니다. 한 조사 기관에 따르면 '업무 중 보고서 작성과 보고가 업무의 60%의 비중을 차지한다'라고 합니다. 직장 내에서 보고는 가장 대표적인 업무 소통 방법이기도 합니다.

만약 중간보고 단계를 뛰어넘어 차상위자에게 바로 보고를 요구받았다고 그와 같은 행위를 한다면 팀의 보고 체계가 무너집니다. 또한, 팀장의 관점에서 일의 방향성과 진행의 핵심을 짚어내지 못할 수 있습니다. 앞서 살펴본 사례와 같이 본부장이 단계를 무시하고 진행한다는 것은 팀장과 불편한 부분이 있거나, 아니면 서로 보이지 않는 문제가 있으면 벌어지는 현상이기도 합니다.

그렇다면 팀장은 팀원이 나와 본부장의 관계 때문에 힘들어지지 않게 업무환경을 만들어야 합니다. 현명한 팀장이라면 전체적인 조직의 상황에 맞게 리더십과 팔로워십을 발휘해야 하며, 업무 진행 또한 마찬가지입니다.

앞서 살펴본 사례에 대해 다시 살펴보겠습니다. 먼저 본부장의 성격이 급할 뿐이므로 팀장과 과장의 관계는 괜찮은 경우라면 팀장이 본부장에게 일 대 일 면담을 요청해 봅니다.

첫째, 중간보고 단계인 팀장을 배제하고 과장이 본부장에게 다이렉트 보고가 몇 번 이뤄지면서 중간에서 진행 상황에 대해 잘 몰라서 팀을 끌어갈 때 곤란했던 적이 있었음을 본부장님께 말씀드립니다. 그래서 팀 업무 전체를 잘 진행하는 방향을 잡을 수 있도록 본부장님의 협조를 요청한다는 뉘앙스로 직면하여 매너 있게 이야기합니다.

얼굴을 보지 않고 이메일로 전달할 경우 글의 한계가 있어서 내 의도와 다르게 전달될 수 있습니다. 따라서 반드시 면 대 면 일 대 일 미팅 방식으로 면담을 요청하고 진정성 있는 목소리 톤과 표정으로 솔직하게 표현하는 것이 중요합니다. 또한, 요청을 드릴 때 마지막 문장은 질문(Ask) 형태로 권유하는 표현이 상사에게는 특별히 필요합니다.

나는 ( ) 팀장이다

"본부장님, 요즘 경쟁사가 너무 급하게 움직이니 신경 쓰실 것이 많으시죠? 저희 팀도 조금 더 부지런히 움직이겠습니다. 특별히 드릴 말씀이 있는데요. 제가 요즘 조율할 것들이 많아서 외부 미팅을 직접 나갈 때가 있다 보니 중간중간 박 과장이 본부장님께 팀에서 다 정리가 안 된 내용으로 다이렉트 보고를 드릴 때가 있더라고요. 그렇게 되면 본부장님께서도 2~3번 보고를 받으셔야 하는 번거로움이 생기실 수 있고, 박 과장도 중간에서 난감해할 때가 있는 것 같아서요. 제게 먼저 말씀해주시면 외근 다녀와서라도 얼른 정리해서 보고 올리도록 할 테니 그렇게 해주실 수 있으실까요?"

이렇듯 청유형으로 매너 있게 의견을 말씀드리는 것이 좋습니다.

둘째, 본부장님께 말씀드리기가 쉽지 않다면 박 과장을 불러서 카카오톡이나 문자, 전화 통화 등 어떤 방법으로든 자신에게 사전 보고를 한 후 본부장에게 보고할 수 있도록 해달라고 이야기합니다. 이는 팀의 보고 체계를 위해, 또 팀 내 리스크 방지를 위해 필요한 요청 단계입니다.

셋째, 팀장과 본부장의 사이가 안 좋은 상황이라면 박 과장이 매너 있는 커뮤니케이션을 합니다. 박 과장과 같은 상황은 본부장님 핑계를 대며 지속해서 이러한 보고가 행해질 때 팀장을 무시하는 것처럼 자신의 행동이 해석될 수 있는 여지가 많습니다.

본부장님께 "본부장님, 지금 사안이 시급하고 궁금하시겠지만 조금만 기다려주시면 오후 2시까지는 팀의 자료와 의견을 더 잘 정리해서 보고 올리겠습니다. 그때 확인해주실 수 있으실까요?"라는 뉘앙스로 말씀을 드리는 것이 현명한 선택입니다. 향후 팀장 이하 팀원들과의 의견을 빠르게 취합 정리하여 팀 결정 사항이 팀장이 모르는 선에서 보고가 올라가는 것이 없도록 업무 진행을 해야 합니다.

마지막으로 어려운 부분에 대해 본부장님께 말씀드렸음에도 불구하고 이 상황이 변화하지 않는 경우, 팀장이 본부장과 친해질 방법을 고민합니다.

본부장이 "아니야! 팀장한테는 내가 잘 얘기할 테니까 그냥 내가 하라는 대로 갖고 들어와. 지금 한시가 급한데 뭘 그런 걸 일일이 팀장한테 다 보고 하고, 그렇게 해서 언제 경쟁사를 이기나?" 이렇게 말씀하신다면 그땐 팀원은 빠지고 본부장과 팀장 둘이서 이 문제를 해결하여 같은 일이 다시 벌어지지 않게 조율하고, 팀원이 조금 더 원활하게 업무를 수행할 수 있도록 돕는 것이 팀장의 역할입니다. 이는 본부장이 팀장을 편하게 생각하지 않거나, 팀장보다 박 과장의 실력을 더 믿는 상황일 수 있습니다.

팀장으로서는 본부장이 자꾸 박 과장과 직접적으로 해결하려고 하는 일이 발생한다면 팀장이 직접 상사와 친분을 만들어 더 원활히 소통될 수 있도록 방법을 찾아야 합니다.

예를 들어 '매일 아침 5분 티타임으로 친분 만들기'가 있습니다. 실제로 모 기업의 한 팀장이 이런 상황이었는데, 본부장님의 바쁜 일정을 감안하여 그는 꾸준히 1년간 일주일에 2~3회씩 본부장님께 요즘 일어나는 핫한 뉴스, 신조어, 마케팅 트렌드 등 아주 소소한 이야기를 하면서 말문을 트기 시작했습니다. 실제로 이 방법으로 신뢰를 쌓을 수 있었고, 업무를 추진하는 데도 아주 큰 도움이 됐다고 합니다.

팀장의 핵심 역할 중 하나는 팀의 중간 매개체 역할을 이해하고 올바르게 수행하는 것입니다. 리더십 발휘를 360도 관점에서 바라보면 상사와의 상향적 리더십 발휘도 매우 중요한 리더십 영역입니다. 흔히 팔로워십으로 표현할 수도 있지만, 상향적 리더십 발휘를 위해서는 상사와의 관계(Relationship)가

나는 ( ) 팀장이다

바탕이 되어야 합니다. 팀원들만 챙기는 것이 아니라 평소 상사와의 좋은 관계를 구축하고 신뢰를 쌓는 노력은 본인과 팀 그리고 조직 전체를 위해 중요한 활동입니다.

딱 시키는 일만 하는
팀원을 관리하는 방법

업무에 대해 늘 수동적인 팀원은 있기 마련입니다. 맡은 일을 해내기 때문에 크게 나무랄 수는 없지만 그렇다고 하더라도 팀이나 개인의 성장 측면에서 보면 반드시 개선이 필요합니다. 일에 대해 열정이 많이 부족하고 흥미 없는 팀원을 위한 코칭은 어떻게 해야 할까요?

EPISODE.

차 팀장은 현업 6년 차로 팀장 경력은 3년 차입니다. 이 팀원은 4년 차로 원래 성향이 열정적이거나 외향적이지도 않지만 요즘 들어 시키는 것만 딱하고 더 노력하지 않는 것이 눈에 띌 정도입니다. 경력 4년 차이면 이제 승진도 해야 하고, 본인이 적극적으로 요즘 입사자들을 이끌어 주도적으로 프로젝트도 수행했으면 좋겠습니다.

하지만 입사 무렵보다도 못한 것 같아서 보는 팀장으로서 안타깝기만 합니다. 경험도 많고, 역량도 되는 팀원이라 본인이 하겠다고 마음만 먹으면 누구보다 성과를 잘 낼 수 있는 사람인데 약간만 난이도가 높아도 안 하려고 하니 업무를 맡기려 해도 망설이게 됩니다.

어렵게 차 한 잔 마시자며 미팅을 했고, 말을 안 하려고 하고 계속 다른 말로 돌리기에 고생한 부분을 인정해주며 대화를 이어가던 도중 지난 프로젝트 때 문제없이 끝난 줄 알았는데 그때 이후로 무기력해졌다는 것을 알게 되었습니다.

일하다 보면 보람도 있고 성취감도 들어야 하는데, 우리 회사는 고생하면 고생하는 것에 대한 외재적 보상도 타사에 비해 약하고, 그렇다고 팀원들 중 수고한 이에 대해 인정을 크게 해주는 것도 아닙니다. 심지어는 뒤늦게 협업한 사람에게 더 큰 공이 넘어간 것 같은 느낌이 이 팀원을 무기력하게 만들었던 것입니다.

🗨 이럴 땐 이렇게 해보세요

 먼저 강점 및 역량을 파악합니다. 실력이 부족해서 혹은 본인의 강점이 뭔지 몰라서 방향성을 잃은 경우, 일에 대한 본질을 잃어버린 것 등 이 팀원에게는 어떤 상황인지 알아볼 필요가 있습니다. 그런 다음 그의 강점과 역량을 먼저 파악해봅니다. 팀원이 지금 하는 업무 파악 후 승진도 해야 하고, 지금껏 쌓아온 능력이 아까워 더 성장하도록 지원해야 하는 육성의 단계라면 현시점에서의 강점을 분석하고, 재미와 흥미의 요소를 찾아 움직일 수 있도록 업무 분장을 합니다. 그런 다음, 그런 프로젝트를 맡게 하여 일의 의미를 재정립할 수 있도록 해주어야 합니다. 전에 핵심 인재로 가기 위한 조건을 갖추고 있었던 팀원이라면 그 방향으로 갈 수 있도록 내재적 동기부여를 하게 지원해야 합니다.

면담 시 준비 사항은 다음과 같습니다.

기존 자료 활용 및 인재개발팀이나 교육팀 자료(지금껏 어떤 교육을 받았는지), 다면 평가 자료 등을 바탕으로 조금 더 상세히 그 팀원에 대해 고민하고 면담하는 것이 중요한 포인트입니다.

근거 자료 없이 그냥 말로만 하는 면담은 일방적 잔소리로 느낄 수도 있고, 자신에 대해 고민하지 않고 면담에 들어온다는 생각이 들 수 있으니 자신의 팀원에 대해서는 많이 알아보고 고민해 보아야 합니다.

다음은 면담 기법입니다.

팀장이 파악하는 것도 중요하지만 충분한 대화를 통해서 팀원의 마음속 상태와 니즈를 읽을 수 있도록 합니다. 회사는 내가 마음에 안 든다고 옮기고, 마음에 든다고 이동 없이 평생 그 부서에 머무를 수 있는 것도 아닙니다. 이러한 점을 최대한 감안할 수 있도록 하여 회사도 좋은 인재를 놓치지 않고 함께할 수 있고, 팀원도 자신의 삶에 활력을 가지고 적극적으로 임할 수 있다면 서로에게 윈-윈하는 상황이 될 것입니다. 팀장은 부하 육성을 위한 코칭 기법에 대해 적극적으로 배우고 실천해 보기 바랍니다.

세부 면담은 이렇게 합니다.

매주 또는 격주 단위로 면담하며 진행하고 있는 업무 사항을 체크하고 → 인정하며 → 지원하고 → 다음 업무 목표를 이야기하는 방식으로 어느 정도 수준으로 올라올 때까지 이 방법을 이행해도 좋습니다.

에드워드 데시(Edward Deci)와 리처드 라이언(Richard Ryan)은 인간의 동기 요인에 관한 대담한 프레임워크인 '자기 결정성 이론'을 제시했습니다. 모티브

나는 ( ) 팀장이다

스펙트럼의 동기 요인을 보면 다음과 같은 내용이 있습니다. 사람은 타성에 의해 일을 하거나 (옆집 아들도 회사 다니고, 내 친구들도 다 다니니까 다니고, 그 나이에 애를 낳으니 낳고자 하는 현상), 돈을 벌어야 하는 경제적 보상, 잘한다고 격려해 주며 일에 대한 성취감을 맛보게 되는 정서적 보상 등의 외부적 요인은 업무 촉진 요인 중 하위 요인에 속합니다.

그렇다면 무엇이 사람에게 의미를 부여하고 성장하고 도약하는 계기가 되는 것일까요? 회사에서 하는 업무가 나 개인의 정체성과 인생 가치관, 신념과 맞을 때 성장하는 느낌, 일의 의미, 또 즐거움을 느끼며 지속할 힘이 생깁니다. 그렇다면 밀레니얼 세대의 특징 중 하나인 내재적 동기(Intrinsic Motivation)에 대해 살펴봅시다.

와튼 스쿨 최연소(29세 때) 종신 교수였던 애덤 그랜트(Adam Grant)는 한 대학의 기부금 모집 콜센터 팀원들을 대상으로 실험을 했습니다. 팀원들의 일은 미래에 기부자가 될 만한 사람들에게 전화를 걸어 기부금을 요청하는 일이었고, 기부금은 장학금으로 사용되고 있었습니다. 그는 이 팀원들을 세 그룹으로 나눴습니다.

A 그룹: 주어진 일을 이전처럼 그냥 함
B 그룹: 일을 함으로써 얻을 수 있는 개인적인 혜택을 알려줌(제시 예: 기부금을 유치하면 인센티브도 받고 승진도 할 거야)
C 그룹: 유치한 기부금을 장학금으로 받은 학생의 변화 사례를 읽게 함

A, B 그룹은 거둔 성과가 이전과 별 차이가 없었습니다. 그러나 C그룹이 거둔 성과는 크게 향상되었습니다.

콜센터 팀원들 가운데 한 그룹을 더 선정해 장학금 수혜자이자 성공한 주인공을 직접 만나 5분간 질문하는 자리를 마련했는데, 결과는 아주 놀라웠습니다. 다음 달 이 그룹의 기부금 모집 성과는 무려 4배 이상 늘었습니다.

구글의 인사책임자였던 라즐로 복(Laszlo Bock)은 "사람은 누구나 마음속으로 자기가 하는 일에서 의미를 찾고자 합니다. 의미를 찾는 가장 좋은 방법은 자기가 돕는 사람을 직접 만나는 것입니다."라고 했습니다(애덤 그랜트 저, 《기브 앤 테이크(Give & Take)》에서 발췌)

이처럼 사람은 누가 시켜서가 아니라 내 안에서 스스로 행하고 싶은 마음이 자발적으로 들 때 가장 큰 동기부여가 됩니다. 어떠한 작은 자극이나 환경만 갖춰진다면, 그리고 내가 중심이 되어 누군가에게 도움이 되거나 성과를 낼 수 있는 상황이 된다면 그러한 일에 시간과 노력을 쓰고, 안에서 나오는 내재적 동기가 멀리 갈 힘과 삶의 의미를 만들어 내게 됩니다.

이 직원이 정확히 어떤 경우인지는 모르지만, 비합리적인 상황 때문에 원래 있던 동력까지 잃어버린 팀원에게 다시 그것을 찾을 기회를 가질 수 있도록 도와야 합니다. 관점 전환, 업무 전환, 강점 파악 등의 방법을 통해 지속적인 관심을 준다면 지쳤던 팀원은 힘을 낼 수 있을 것입니다.

나는 (   ) 팀장이다

연차만 높고 역량은 따라가지 못하는 팀원을 관리하는 방법

회사라는 환경은 빠르게 변화하는 경영 환경에 대비하고 위기를 헤쳐나가야 하며 성장도 도모해야 하는 곳입니다. 그런데 연차 대비 그에 상응하는 성과를 내지 못하거나 역량이 나아지지 않는 이가 있다면 어떻게 해야 할까요? 이럴 때의 특효약은 '즉각 변화를 일으킬 수 있는 변화관리와 액션 피드백'입니다. 이에 대해 지금부터 살펴봅니다.

EPISODE.

업무 진척이 느리고 매사 변명을 하는 심 과장이 있습니다. 최근 프로젝트를 맡겨 깊이 있는 고민을 해보라고 했습니다. 방향성도 제시했고, 항상 업무 시 시간을 요구하는 스타일이라 한 달이라는 여유 있는 기한을 설정해 주었습니다.

나름 중요한 프로젝트이지만 이제는 고참 과장이기도 하고 책임감을 더 길러주고자 일부러 맡긴 것입니다. 그러나 결과물은 사원급 팀원이 한 것보다 더 고민도 없고 성의도 없었습니다. 너무 당황스러워서 그 이유를 물었습니다.

"심 과장, 내가 맡긴 프로젝트 결과물에 대해서 조금 아쉬움이 있습니다. 이미 경력 10년 차가 넘은 과장급이어서 중요한 프로젝트를 믿고 맡겼는데 결과물이 영 마음에 들지 않네요."

"팀장님, 저는 나름대로 열심히 한 결과물인데요. 최근에는 야근도 하고 고민하면서 작성한 것인데 그렇게 말씀해 주시니 좀 섭섭합니다."

"심 과장, 사람들은 누구나 그 직급에 맞게 일을 해줄 거라고 기대하게 돼요. 내가 기대하는 것은 사원이나 대리급 팀원들이 하는 수준이 아니라 과장급이 해낼 수 있는 수준의 프로젝트 결과물을 원한 것입니다. 그런데 결과물을 보니 절대 그 수준은 아닌 것 같아요. 이건 나의 개인적인 생각이나 편견이 아니라 누가 보더라도 그렇게 생각할 거예요."

심 과장이 하는 일을 뻔히 아는데 바빠서 못했다는 것은 핑계일 뿐이라는 생각이 듭니다. 종종 보면 근무시간에 일하지 않고 휴대 전화로 개인 일을 보거나 인터넷 쇼핑을 하는 것도 자주 보입니다. 정작 근무 시간에 업무에 몰입하지 않으면서 바쁘다고 핑계를 대는 것이 한심합니다.

어떻게 하면 일찍 퇴근하고 집에 갈지 고민하는 것 같고, 업무도 적당히 대충 마무리되면 그냥 넘어가려는 자세를 보입니다.

반복해서 이런 상황이 벌어지는데 가만히 두고 있자니 후배들이 오히려 심 과장을 보고 배울 것 같아 걱정스럽고, 팀장에 대한 도전을 하는 것 같아서 더욱 화가 납니다. 마음 같아서는 다른 팀으로 보내고 싶기도 하지만 회사 여건상 그런 일이 벌어지면 팀장의 평판에

나는 ( ) 팀장이다

도 좋지 않기 때문에 여러 가지 고민을 하는 중입니다. 어떻게 하면 좋을까요?

 역량이 떨어지는 저성과자 팀원을 관리하는 것은 매우 중요한 리더의 역할입니다. 모든 팀원이 일을 잘하면 좋겠지만 어느 조직이나 고성과자, 저성과자는 있기 마련입니다. 이럴 때 저성과자를 어떻게 처리하는가가 리더십에 큰 도전이 됩니다. 미국의 기업처럼 성과가 나지 않으면 과감히 퇴사시키고 새로운 인재를 채용하는 문화가 일반적이라면 오히려 이런 걱정이 없지만, 국내의 인력 관리는 그렇게 하기 어려운 것이 현실입니다.

우선 저성과자들에게 스스로 자신이 성과를 내지 못한다는 현재의 모습을 인식시켜 줄 필요가 있습니다. 이것을 자기인식(Self-Awareness)이라고 합니다. 일반적으로 저성과자들은 자신이 얼마나 일을 못하는지, 팀에 어떤 나쁜 영향을 끼치는지 잘 모르는 경우가 많습니다. 그래서 구체적인 데이터와 근거를 바탕으로 성과를 내지 못하는 상황을 설명하고 그 이유에 대해서 구체적으로 설명합니다.

물론 부정적인 피드백을 할 때는 절대 감정적으로 해서는 안 됩니다. 감정이 좋지 않은 상태에서 부정적인 피드백을 하게 되면 팀원으로서는 사실(팩트)보다는 '상사가 자신을 미워하고 있다'라고 오해할 수 있기 때문입니다. 최대한 사실 중심으로, 자료에 근거하여 자기인식을 하게 해주고 앞으로 어떻게 변화할 수 있을지에 대해서 구체적으로 협의해야 합니다.

먼저 팀원 스스로 개선방안을 계획해 보게 합니다. 개선방안을 세워오게 하는 것은 그냥 자율성을 높이는 코칭을 하기 위함이 아니라 자기 인식을 하게 하기 위한 수단입니다. 만약 그 부분이 미진하거나 아예 생각조차가 없다면 리더가 구체적으로 방법을 알려주고 관리를 합니다.

예를 들어 업무 시간 중에 인터넷을 하거나 휴대 전화를 자주 보면서 개인적인 일을 많이 한다면 철저하게 건설적인 피드백을 해주면서 리더가 관리한다는 메시지를 주어야 합니다.

구체적으로 시간 낭비 요소를 제거하여 일에 집중할 수 있도록 도와주고 그것을 관리합니다. 업무 역량이 떨어지는 것이라면 인재개발팀(HRD 부서)에서 진행하는 역량 진단을 통해 개인의 역량을 개발할 수 있는 자기 개발 계획서(Individual Development Plan, IDP) 작성을 통해 향후 어떻게 역량을 높일 수 있는지에 대해서 고민하고 교육하며 학습할 수 있도록 코칭합니다. 구체적으로는 다음과 같습니다.

먼저 저성과자들에 대해서 역량진단을 통해 부족한 역량이 무엇인지 확인하고 역량을 높이기 위해 교육, 코칭, 멘토링과 같은 다양한 방법을 활용하여 구체적으로 계획을 세웁니다.

다음으로 연간 단위로 개인 개발 계획(Individual Development Plan, IDP)을 작성하여 자신의 비전과 목표를 달성하는 데 필요한 구체적인 계획을 작성합니다.

세 번째로는 가장 빨리 역량을 높일 수 있는 실무적인 교육 과정을 수강하게 하고 역량 있는 선배와 일 대 일 매칭을 통해 수시로 코칭할 수 있도록 지원합니다.

나는 ( ) 팀장이다

네 번째, 주기적인 면담을 통해 역량을 높일 수 있도록 어떠한 노력을 했는지 들어보고 실제 역량이 향상되었는지에 대해서 피드백을 줍니다. 부족한 점은 상호 피드백하고 앞으로 어떻게 할 것인지에 대해서 다시 협의합니다.

마지막으로 목표한 역량에 도달할 때까지 지속적인 관리와 코칭을 실시합니다. 리더의 역할은 팀원의 성장을 돕고 성과를 낼 수 있도록 도와주는 것입니다. 저성과자들을 고성과자로 만들 수 있는 리더십을 발휘하는 이가 진정으로 뛰어난 팀장, 리더로 평가받을 수 있습니다.

팀장의 권위에 무례하게 도전하는
성과 높은 팀원을 관리하는 방법

인재들에게서 일에 대한 자존감과 우월감을 볼 수 있습니다. 하지만 자신의 직무는 잘하더라도 팀에서는 팀워크를 저해하는 주범인 경우가 많습니다. 이렇듯 성과는 우수하지만, 태도에 문제가 있는 팀원은 어떻게 해야 할까요? 리더의 권한과 영향력을 즉각 발휘하는 법을 살펴봅니다.

EPISODE.

과거 구성원으로 함께 일했던 고참 팀원인 오 차장이 있었습니다. 사업부 내에 높은 성과와 좋은 결과물을 많이 만들어 내는 팀원이며, 주변 사람들의 칭찬도 많이 받고 사업부장님의 신뢰도 높은 팀원입니다.

당시 초임 리더였던 박 팀장은 경험도 많이 부족하고 거래처에 대한 파악도 안 된 상황이었습니다. 다른 부서에서 오랫동안 일하다가 팀장이 되면서 새로운 부서에 왔기 때문에 사실 이 직무에 대해서 아

나는 ( ) 팀장이다

는 것이 거의 없었습니다.

어쩔 수 없이 이 직무에 대한 경험이 많은 오 차장에게 여러 가지 물어보기도 하고, 현장을 다니면서 업무도 익힐 겸 함께하는 시간이 많았습니다.

그런데 현장에 나가서 일하거나 파트너사와의 미팅 시에도 팀장을 무시하는 발언과 행동을 하는 일이 있었습니다. 물론 다른 사람이 있을 때 하지는 않았지만 일을 끝내고 돌아오는 시간에 직설적으로 말을 해서 자존심이 상하곤 했습니다.

"팀장님! 죄송한 말이지만 어떻게 그것도 모르시나요? 클라이언트가 그런 질문을 했을 때는 우리가 왜 그것을 해야 하는지 기술적으로 설명을 해주셔야지요. 팀장님이 대답을 못 하시니까 제가 대신 다 설명해야 하잖아요. 그건 팀장님의 역할인데요."

"아니 내가 부서에 온 지 얼마 안 돼서 그 기술의 세부적인 내용이 정확하지 않아서 그랬지요. 경험이 많은 오 차장이 설명할 수도 있지 꼭 팀장이라고 다 설명해야 하나요?"

"팀장님, 저는 그냥 보좌로 따라간 것이라고요. 그쪽에서도 모든 내용을 팀장이 다 이야기하는데, 저희 쪽은 제가 모두 다 이야기하지 않았습니까? 이건 좀 아니다 싶습니다."

"아무리 그래도 그렇지 내가 상사인데 이렇게 이야기해도 되는 겁니까? 역지사지로 생각해봐요. 새로운 직무에 첫 팀장으로 와서 내가 얼마나 힘든지 몰라요?"

팀장 입장에서는 기분이 나빴지만 그렇다고 오 차장이 틀린 말을 한 것도 아니기에 무조건 화만 낼 수 있는 상황은 아니었습니다. 팀장으로의 일을 해보니 오랫동안 업무를 해왔던 오 차장이 간단한 업무의 의사결정은 혼자 마음대로 하고 팀장에게 따로 보고하는 체계도 없었습니다.

초임 팀장으로서 전혀 경험해보지 못한 직무에 대한 두려움이 있었기에 여러 가지를 감수하면서 오 차장의 행동을 묵과했지만, 시간이 더 지나면 이 상황은 걷잡을 수없이 커질 것이라는 생각이 들었습니다. 일에 대해 더 많이 아는 것은 인정하더라도 팀장의 의사결정이나 보고 체계까지 흔드는 것은 팀장에 대한 도전이라는 생각이 들었습니다. 이럴 때 팀장은 어떻게 해야 할까요?

💬 이럴 땐 이렇게 해보세요

새로운 직무를 경험하고 있는 팀장에게 이미 그 부서에서 일을 잘하고 있던 중간관리자라고 해도 팀장을 무시하는 행동은 절대로 간과할 수 없습니다. 이러한 상황이 벌어지는 이유는 직무 경험이 많고 자존감이 높은 팀원이 실무 경험이 부족한 팀장을 우습게 여기기 때문입니다.

이렇듯 인재들에게서 일에 대한 자존감과 우월감을 볼 수 있는데, 자신들의 직무는 잘하고 있지만, 팀에서는 팀워크를 저해하는 주인공일 경우가 많습니다.

조직이라는 것은 자신의 업무 능력만 가지고 일을 하는 곳은 아니기 때문에 이런 경우에는 명확하게 이야기할 필요가 있습니다. 타인에 대한 배려 없이 자기 일만 잘하는 인재는 팀워크 관점에서 문제가 많다는 것을 피드백해야 합니다. 팀장과 팀원과의 관계를 명확하게 정의하고 이런 상황에서 리더를 어떻게 도와야 하는지에 대해서 건설적인 피드백을 합니다.

만약 이런 경우 팀장이 일을 잘 모른다는 이유로 상황을 그냥 넘기거나 대수롭지 않게 넘겨버리면 팀원은 계속해서 자신이 하는 행동에 정당성을 부여해 팀장에 대한 도전을 지속할 것입니다. 따라서 이런 상황에서는 팀장이 팀장의 권력과 영향력을 적절하게 발휘해야 합니다.

리더에게는 5가지(합법적, 보상적, 강압적, 준거적, 전문적) 권력이 있습니다. 이런 상황에서는 팀장이 합법적 권력과 강압적 권력을 같이 사용해야 합니다. 합법적 권력을 잘 활용하기 위해서는 6가지 원칙대로 리더십을 발휘하면서 피드백을 하면 됩니다. 다음은 피드백의 요령입니다.

- 정중하고 명확하게 요구합니다.
- 요구에 대한 이유를 구체적으로 설명합니다.
- 주어진 권한의 범위를 벗어나지 않습니다.
- 적절한 경로를 따르되 필요하면 권한을 재확인해야 합니다.
- 지시 내린 것에 대한 수행 여부를 확인합니다.
- 필요할 때는 명령에 대한 복종을 강요할 수도 있습니다.

강압적 권력을 잘 활용하기 위해서는 5가지 원칙대로 리더십을 발휘하여 피드백하면 됩니다.

첫째, 규칙과 요구 조건을 설명해 주고, 이를 위반했을 때의 심각한 결과를 이해시켜야 합니다.

둘째, 위반 행위에 대해서는 특정 개인을 편애하지 말고 신속하고 일관성 있게 대응해야 합니다.

셋째, 침착성을 유지하고 적대감이나 개인적 거부감을 보이지 않도록 해야 합니다.

넷째, 개인에게 역할 기대에 따르고 처벌을 피하도록 진심으로 도와주고 싶다는 생각을 표현해야 합니다.

다섯째, 적법하고 공정하며 위반 행위의 심각성에 상응하는 처벌을 사용해야 합니다.

오 차장의 경우 합법적 권력과 강압적 권력을 이용한 피드백이 필요합니다. 다음은 이를 적용해본 해결책입니다.

"오 차장님이 이 업무를 오래 해서 많은 것을 알고 있고 성과도 제일 좋은 것으로 알고 있습니다. 그렇지만 이 팀의 리더는 저입니다. 제가 완벽하게 팀에 적응할 때까지 팀원으로서 팀장을 지원할 필요가 있는 것입니다. 그것이 팔로워의 역할이기도 합니다.

프로젝트 미팅이나 발표를 할 때 지금은 하지 못하지만, 시간이 지나면 자연스럽게 제가 다 커버할 일입니다. 제가 리더로서 직무의 역할을 다 할 때까지 적극적으로 도와주세요. 물론 최대한 빨리 많은 것을 마스터하여 제가 해야 할 일을 오 차장님이 대신하지 않도록 하겠습니다. 리더라고 완벽할 수는 없습니다. 제가 더 잘할 수 있도록 도와주신다면 저 또한 오 차장님이 더 성과를 내고 회사에 기여할 수 있도록 적극적으로 코칭하고 도와드릴 것입니다."

나는 ( ) 팀장이다

중요한 것은 팀장이 자신에게 닥친 상황에 따라 권력과 영향력을 잘 사용하는 것입니다. 팀장이 가진 5가지 권력을 적재적소에 잘 활용하는 팀장이야 말로 훌륭한 리더입니다.

NINE
TEAM
LEADERSHIP

PART 3

나는 (성과를 책임지는) 팀장이다

성과관리의 첫 단추인
목표 설정을 잘하는 법

성과관리에서 가장 중요한 요소는 올바른 목표 설정입니다. 이를 위해서는 모두가 목표를 합의하고 공유하는 과정과 결과로 이어져야 합니다. 성과관리는 목표 설정과 계획 수립 방법을 바로 알 때 가능합니다. 목표 설정과 과정관리 그리고 피드백의 실용적인 기술을 살펴봅니다.

EPISODE.

교육 기획 수립으로 눈코 뜰 새 없이 바쁜 어느 날, 인사부서에서 이메일 한 통을 받았습니다. MBO 수립 기간은 1월 10일부터 25일까지이니까 일정에 맞추어 목표를 입력하라는 통보였습니다.

정 팀장은 팀원들과 목표 설정 워크숍을 진행하게 되었습니다. "다들 바쁘겠지만 시간을 내주어 고맙습니다. 오늘 미팅 목적은 올해의 팀과 개별 목표를 함께 설정하고 공유하기 위해서입니다."

"팀장님이 생각한 대로 작년 목표를 토대로 비슷하게 배분해 주시

나는 (   ) 팀장이다

면 될 것 같은데 굳이 시간을 내서 워크숍을 할 필요가 있을까요?"라고 박 차장이 말문을 열었습니다.

"그동안 박 차장 말처럼 해온 것은 사실입니다. 하지만 분사된 회사에서는 새로운 목표 설정에 대한 시도가 필요하다고 봅니다. 저는 이번 목표 설정이 모두에게 합당한 성과지표로 인정되기를 기대합니다."

"팀장님, 의도는 참 좋은데요. 지금과 같이 목표와 평가가 연계되지 않는 상황이 계속되는, 속된 말로 따로국밥처럼 된다면 목표 설정이 무슨 의미가 있겠습니까?"

"박 차장 말처럼 따로국밥 같은 목표 설정이 되지 않기 위해서 본 워크숍을 진행하려고 합니다."

그렇다면 팀장은 목표 설정 워크숍을 어떻게 진행해야 될까요?

💬 이럴 땐 이렇게 해보세요

 성과관리의 시작과 끝은 올바른 목표 설정에 있습니다. 모두가 합의하고 공유된 목표 설정이 과정과 결과로 이어져야 합니다.
성과관리의 목표 설정(Plan)과 과정관리(Do)와 평가(See)는 따로국밥과 같은 것이 아닙니다.

먼저 팀원들과 함께 팀 미션진술문을 작성해 보세요. 해외 유수의 기업들이나 성과관리가 제대로 정착된 국내 기업들은 팀 미션과 목표 및 역할을 정리한 팀 프로필(Team Profile)이 존재합니다.

팀 프로필에는 팀이 존재하는 이유와 방향성을 한 문장으로 서술한 팀 미션진술문(Team Mission Statement)이 필요합니다. 그렇다면, 팀 미션진술문은 어떻게 작성해야 할까요?

팀 미션진술문은 1년에서 1년 반 동안 팀이 집중해야 하는 바를 정의하는 명세서입니다. 그 문장에는 무엇을(주요 생산물과 서비스), 누가(주요 고객), 어떻게(전략, 방법, 기술)를 명기해야 합니다. 팀 미션진술문은 회사가 추구하는 방향성과 가치를 반드시 반영하고 있어야 합니다. 또한, 맡은 팀이 회사에 이바지할 수 있는 특별한 사항이 꼭 담겨있는지 검토하세요.

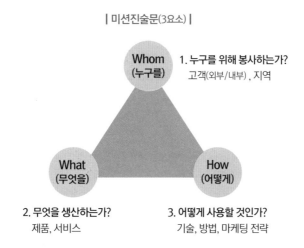

| 미션진술문(3요소) |

다음은 핵심 과제 도출과 배분을 팀원들과 논의하시길 바랍니다.

팀 미션진술문이 검토되고 나면 미션수행을 위한 핵심 과제가 무엇인지를 토의해야 합니다. 워크숍 진행 시 군집 분류(Clustering)를 활용하여 모두의 의견을 반영하는 효과적인 미팅을 진행할 수 있습니다.

예를 들어, 팀 미션 수행을 위해 꼭 필요한 과제(고객, 전략, 절차, 방법)들을 접착 메모지 10장을 나누어 주고 하나에 하나씩 작성하게 합니다. 작성된 과제들은 유사 항목으로 분류하고(Grouping) 키워드(Key-Word)를 도출하여 과제들을 분류합니다. 선정한 팀 과제들은 개인별 역량(Competency)에 맞게 협의하여 배분합니다.

워크숍을 마친 후 반드시 개인별 목표 설정 면담을 해야 합니다. 면담 시 팀 개인별 역량별 수준을 파악하고 성과지표 수준이 적합한지 검토하기 바랍니다.

성과지표에 대한 중점 쟁점(난이도, 역량 보유 여부)을 확인하고 부족한 역량에 대한 달성 방법에 대해서도 협의해야 합니다. 개인별 목표 설정 면담이 성과관리에서 가장 중요한 시간임을 잊지 마세요.

그런 다음 목표는 SMART 한 지 명확하게 점검해 보세요.

다시 말해 팀과 개인 목표 설정은 구체적인(Specific), 측정 가능한(Measurable), 달성 가능한(Attainable), 부서와 개인 목표가 연계된(Relevant), 기한 명기(Time-Bound)를 포함해서 작성합니다.

목표에는 수치화할 수 있는 정량 지표와 수치로 표현하기 어려운 정성지표로 구분됩니다. 핵심성과지표(KPI)는 SMT를 기준으로 작성하고 A/R(달성 가능성과 팀 목표와의 연계성)을 점검해야 합니다.

평가 공정성 제고를 위해서 목표에 대한 합의와 공유가 목표 설정의 핵심입니다. 정량화된 핵심성과지표(KPI) 도출이 중요하지만, 정량화할 수 없는 정성 지표는 어떻게 설정해야 할까요?

정성 지표를 정량화하는 방법으로는 그리드(Grid) 방식, 리서치 방식, 추진 과제 달성 과정, 체크리스트(Checklist) 방법을 고려할 수 있습니다.

첫째, 그리드(Grid) 방식은 정성 지표 측정 구간과 각 구간에 해당하는 경우를 사전에 정의해야 합니다. 예를 들어 5개 구간 정도의 상세기준 수립 후 평가 결과와 매핑(Mapping)하면 좋습니다. 이 상황에서 산정 구간별 평가 항목에 대한 사전 정의 및 평가자 객관성 확보가 필수 요건으로 검토되어야 합니다.

둘째, 리서치(Research) 방식으로 외부 리서치 전문 기관 혹은 팀의 직접 설문 문항 개발로 성과지표와 연계하여 달성도를 평가하는 방법입니다. 설문 응답자의 구성이 중요하므로 샘플 사이즈 및 응답 대상, 직급 규모 등의 세밀한 점검이 요구됩니다.

셋째, 추진 달성 과제 방식이 있습니다. 핵심성과지표(KPI)를 달성하기 위한 추진 프로세스를 명확하게 정의하고 과정에 대해서 평가 레벨이 논의되어야 합니다. 이와 같은 활동은 정량화 정교화 수준을 결정하는 중요한 절차이니 잘 지켜져야 합니다.

넷째, 체크리스트(Checklist) 방법은 세부 운영 안에 대해 운영적인 요소를 꼼꼼하게 점검 사항으로 작성하는 작업이 요구됩니다.

피겨 전문가들은 평가의 공정성을 확보하기 위해 기술 점수와 프로그램 구성 점수 합산으로 순위를 매기기로 합의했습니다. 기술 점수는 기술 요소를 얼마나 잘 수행했느냐에 따라 등급을 나누고 있습니다. 프로그램 구성 점수는 연기를 5가지 구성 항목(스케이팅 기술, 전환/풋워크의 연결, 연기/수행, 안무/구성, 음악 해석력)으로 나누어 점수를 매깁니다. 이를 근거로 최소 0.25점부터 최대 10점까지 점수를 배분하도록 규칙을 정하였습니다.

'정성적인 평가를 어떻게 공정하게 평가할 수 있을까?'에 대한 논의는 매

나는 (   ) 팀장이다

우 중요한 요인입니다. '팀원들과 함께 정성 평가를 정량화 수치로 가능한가?'에 대한 노력이 필요합니다. 그런데도 어려운 성과지표는 상·중·하 또는 S~D로 구분한 리서치(Research) 방식과 그리드(Grid) 방식을 결합한 방법을 진행해 보시기 바랍니다.

핵심 가치나 개인 역량 평가도 정성적일 가능성이 큽니다. 중국 최대 전자상거래 업체인 알리바바는 기업의 핵심 가치와 행동지표를 구체적으로 기술하여 정량화로 전환하는 시도를 보였습니다.

예를 들어서, 고객 만족 행동 평가에서 기업의 이미지를 보호하며 서비스를 제공하는 행동은 1점, 고객 요구 사항보다 앞서 자발적인 서비스를 제공했다면 5점 등으로 분류하였습니다. 이처럼 정성적인 역량 및 행동지표를 레벨을 나누고 관리 및 평가하면 공정성이 더욱 확보될 것입니다.

팀원의 성과 코칭을 위한
효과적인 모니터링 방법

팀장은 팀 성과 창출의 최고 책임자입니다. 아무리 목표를 잘 세웠다고 해도 제대로 과정을 관리하지 못하면 성과 창출은 기대할 수 없습니다. 성과과정관리에서 성과 모니터링은 핵심 연결고리입니다. 그렇다면 어떻게 팀원의 업무를 모니터링해야 할까요? 여기에서는 4가지 모니터링 방법을 제시합니다.

EPISODE.

우리나라의 메모리 반도체 회사는 세계 시장에서 1, 2위를 차지하고 있는 호황을 맞고 있습니다. ○○ 주식회사는 반도체 장비와 관련 17년 업력을 보유한 국내 굴지의 중견 기업입니다. 회사는 세계 2위 반도체 회사에 장비를 납품하고 공정 현장에 인력을 투입하여 지속적인 장비 유지 및 보수를 지원하고 있습니다. 구성원 수가 500명까지 늘어나는 걸 보면 회사는 엄청난 속도로 성장 중이라고 판단됩니다. 회사는 일본 수출규제 여파를 타개하기 위해 국산화 TFT를 발족하였고 김 팀장은 TFT 팀장으로 발령을 받았습니다.

팀의 이 과장은 고객사 X 장비 유지보수 지원 업무를 하다가 최근 김 팀장의 장비 국산화 TFT로 오게 되었습니다.

어느 날 오후, 이 과장은 팀장으로부터 미팅 룸에서 만나자는 호출을 받았습니다. 그는 3주 동안 진행해 온 A 부품 국산화 기획 초안에 대해 팀장이 만족하지 않음을 감지하고 있었습니다. 그러나 오늘까지 김 팀장으로부터 어떠한 피드백도 받지 못한 상태입니다. 뭔지 모를 걱정을 한껏 품은 이 과장은 팀장이 좋아하는 커피 두 잔을 들고 미팅 룸으로 들어갔습니다.

김 팀장은 다음과 같은 말로 일 대 일 미팅을 시작했습니다.

"제가 보자고 한 이유는 이 과장이 추진하고 있는 A 부품 국산화에 대한 BM(벤치마킹)에 대한 이야기입니다."

"이 과장에게 A 부품 국산화 기획을 위한 타사 BM 자료 작성을 믿고 맡겼는데 중간보고가 없어서 궁금했어요. 어떻게 3주나 지났는데 아직 아무런 보고가 없을 수가 있나요?"

"저는 팀장님이 너무 바쁘신 것 같고 벤치마킹 자료들이 취합되지 않아서 아직은 보고할 상황이 아니라고 판단했습니다."

"그게 무슨 말이에요, 벤치마킹 자료도 아직 구하지 못했다는 겁니까? A 부품 국산화 기획을 위해 다른 회사들의 관련 자료가 필요하다고 말했을 텐데요?"

"팀장님, 저와 함께 일하고 있는 성 대리가 MZ 세대라서 그런지 개성도 강하고 본인의 KPI만 챙기느라 제때 도와주지 않네요. BM

관련 미팅에서도 본인 준비 자료도 제대로 챙겨오지 않습니다. 아이디어 미팅 시 왜 해야 하는지만 줄곧 묻기에 저도 난처합니다. 대체 말을 알아들어야죠."

"이 과장, 지금 그걸 말이라고 합니까? 그런 일이 생기면 나에게 빨리 말을 해서 해결책을 찾도록 중간보고를 해야지요. 어찌 되었든 벤치마킹 자료가 늦어지면 다른 후속 절차와 관련된 이슈들은 어떻게 되겠어요?"

"죄송합니다! 팀장님. 제가 현장 근무를 오래 하다가 와서 그런지 기획 업무 진행이 쉽지 않아서요."

이 사례에서 관찰되는 팀장의 문제점은 무엇일까요?

💬 이럴 땐 이렇게 해보세요

 먼저 팀원 관찰을 게을리하지 마세요. 팀장은 팀 성과 창출의 최고 책임자입니다. 아무리 목표를 잘 세웠다고 해도 제대로 과정을 관리하지 못하면 성과 창출은 기대할 수 없습니다. 성과관리에서 영향력이 발휘되는 최고의 순간은 모니터링과 피드백입니다.

사례에서 팀장은 중간보고를 하지 않았다고 말하고 있습니다. 그런데 성과 과정관리 차원에서 보면 이는 팀장의 직무유기이며 실수라고 판단됩니다. 다시 말해서 모니터링 미흡에서 오는 불상사로 보입니다. 내용이 미흡하고 통과될 자신도 없는 보고서를 자진하여 보고하기란 쉽지 않을 겁니다. 그러면 어떻게 팀원의 업무를 모니터링해야 할까요?

나는 (   ) 팀장이다

첫째, 보고서를 작성토록 하여 업무 현황을 파악합니다. 팀원들에게 주간 계획서를 작성하게 하여 모니터링합니다. 보고서를 통한 모니터링 방법은 형식적일 수 있고 임의로 가공하거나 작성할 수 있어 정보가 차단된다는 단점도 있습니다. 보고서 작성에 시간을 투자하는 팀원들의 불만을 감내하더라도 팀장은 반드시 이를 진행해야 합니다.

둘째, 업무 공유 미팅 방법입니다. 먼저 전체 팀원들과의 미팅 방법에 대한 검토를 진행해야 합니다. 그래야지 팀의 방향성을 주지하고 개인별 추진 및 달성 과제를 파악할 수 있습니다. 더욱이 52시간제 운용에 따라 미팅 방법에 대한 변화가 필요합니다. 예를 들어 '관련자만 참여시키기, 미팅 어젠다 공유하기, 미팅 시간의 스케줄 정하기' 등에 대한 검토가 필요합니다. 습관적으로 하는 정기적 프로세스 미팅은 지양하고 퍼실리테이터를 활용한 미션 미팅을 추구가 바람직하다는 것을 잊지 마세요.

셋째, 정기적인 면담을 통한 모니터링을 합니다. 이때 유의할 사항은 형식적이고 일방적 지시 형태의 면담이 되지 않도록 하는 것입니다. 잘못된 개별 면담은 오히려 신뢰를 저하하는 요인으로 작용합니다. 팀장의 면담 기술 확보와 실행에 대한 노력이 더욱 요구됩니다.

넷째, 수시 면담입니다. 애자일(Agile,민첩성)이 요구되는 급변하는 경영 환경에서는 팀원의 수시 면담과 피드백이 성과관리의 성패를 좌우합니다. 모니터링할 때 관찰된 사실(말, 행동, 성과)에 대한 분명한 기록을 남겨야 합니다. 이후 사실을 근거로 인정과 칭찬 또는 성과 개선 요구의 피드백을 진행하면 됩니다.

목표 달성과 팀원 성장을 지원하는
실용적인 피드백 방법

'모니터링 과정에서 팀장의 피드백이 중요하다'라고들 합니다. 하지만 그 중요성은 잘 알면서도 구체적인 방법에 대해서는 잘 알지 못하는 경우가 허다합니다. 과정관리 상의 팀장의 커뮤니케이션 스킬은 목표 달성에 막대한 영향을 미칩니다. 이번 장에서는 보편적으로 사용되고 있는 GROW 코칭 면담 모델의 프로세스와 방법에 대해 소개합니다.

EPISODE.

이 과장은 Z 사 A 제품의 2020년 해외 론칭 프로젝트 담당입니다. 그는 팀장인 박 부장으로부터 만나자는 호출을 받았습니다. 이 과장은 자신이 1개월 동안 준비해 온 A 제품 프로젝트에 대해 박 팀장이 만족하지 않음을 감지하고 있었습니다. 그러나 오늘까지 이 과장은 팀장으로부터 어떤 피드백도 받지 못한 상태입니다.

"이 과장에게 미팅을 요청한 이유는 A 제품 프로젝트 때문입니다. 난 이 과장의 일하는 방식이 맘에 들지 않아요, 내가 보기에는 A 제품 프로젝트에 대한 본격적인 시도조차 안 하는 것 같아요. 지금의 A 제품 프로젝트를 맡기려고 하자 다른 팀원들이 우려를 표했습니다. 하지만 이 과장 승진을 고려하여 어렵게 기회를 준 겁니다." 이렇듯 박 팀장은 자신의 감정을 억제하지 못하고 장황하게 문제점들을 늘어놓았습니다.

이 과장은 팀장의 말을 들으면서 완전한 무기력감을 느꼈습니다. 박 팀장은 다음과 같은 말로 미팅을 끝마쳤습니다. "이런 문제들이 일주일 내로 해결되지 않으면 당신의 인사고과는 책임질 수 없어요!" 미팅을 마친 뒤 이 과장은 끓어오르는 분노를 참을 수 없었습니다. 박 팀장의 피드백에는 어떤 문제점들이 있을까요?

💬 이럴 땐 이렇게 해보세요

 어떻게 성과에 대해 피드백을 해야 동기부여가 될까요? 지금부터는 현업에서 바로 사용 가능한 실용적인 피드백 방법론을 제시합니다. 단도직입적으로 말하면 '거울처럼 피드백'하면 됩니다. 좋은 피드백은 비추어진 상황, 말, 행동 등을 있는 그대로 팀원에게 보여주고 칭찬하거나 개선 또는 강화할 수 있도록 지원하는 것입니다. 피드백에서 조금이라도 감정이 들어가면 부정적인 영향 및 반응을 나타낸다는 것을 떠올리세요. 무엇보다도 개별적, 긍정적으로 피드백을 진행해야 한다는 원칙을 잊지 마시기 바랍니다. 지금부터는 상기 사례를 통해 구체적으로 살펴보겠습니다.

사례에서 팀장은 과정관리 역할 수행에 심각한 오류를 드러내고 있습니다. 성과관리는 공식적으로 제공되는 외재적인 동기부여의 대표적인 방법론입니다. 과정관리를 통해 팀원을 동기부여하고 자연스럽게 조직성과 창출로 이어지는 프로세스입니다. 목표 설정도 중요하지만, 과정관리가 미흡하면 성과관리는 1년에 한 번 쓰는 서류작업과 면담으로 괴롭히는 제도로 전락할 것입니다. 팀장은 직무 수행 과정 중에 팀원의 평소 말과 행동 등을 구체적으로 관찰하고 기록해야 합니다. 관찰된 사실에 대해 실용적인 피드백을 제공하기 위해서는 사전 미팅 시간을 협의하고 일 대 일 미팅을 해야 합니다. 먼저, 팀장들이 범하기 쉬운 미팅 상의 커뮤니케이션 오류에 대해 점검해보겠습니다.

"비위협적으로 코칭을 도입하라!"

이는 다수의 마스터 코치들이 제언하는 코칭 도입의 핵심 포인트입니다. 면담의 성공 여부는 처음에서 판가름 납니다. 본부장이 팀장인 당신에게 위협적인 멘트로 면담을 요청한다면 어떨까요? 당신 또한 면담에 대해 긍정적으로 적극적으로 소통하기는 어려울 것입니다. 비위협적으로 면담을 도입하기 위한 대화 방법으로 스몰 토크(Small Talk)를 제언합니다.

"이 과장, 오늘 오후 바쁜가? 내게 시간 좀 내줄 수 있어?"라든지 "이 과장 시간이 되면 잠깐 커피 한잔하면서 이야기할 수 있을까?" 등 허락을 구하는 표현(Labelling Skill)을 사용하길 제언합니다.

팀원 면담에서 면담의 성공 여부는 초기 래포(Rapport) 형성에 있다는 걸 명심하길 바랍니다. 래포란 '감정의 유대'란 뜻으로 상호 간의 감정 상태가 마치 교량처럼 연결된 상태를 뜻합니다. 이후, 관찰한 사실(말과 행동)에 대해서 구체적이고 정확하게 피드백을 제공해야 합니다. 다음에 자세히 설명한 구

나는 ( ) 팀장이다

조화된 면담 모델(Goal, Reality, Option, Wrap-Up, GROW)을 활용해 보세요.

먼저, 면담에 앞서 상황과 팔로워에 대한 전향적인 이해와 검토가 필요합니다. 리더십은 상황(Situation), 리더(Leader), 팔로워(Follower)의 3가지 요인에 의해서 달라집니다. 많은 이론과 연구들에서 리더십은 정답이 없다고 정리합니다. 단지 상황에 맞는 최적의 해답을 찾기 위한 노력이 필요합니다. 지금은 MZ 세대 팔로워의 특성을 반영한 팀 운영과 조직 문화에 적합한 리더십 발휘와 성과관리가 절대적으로 요구됩니다.

둘째, 세대 간 차이와 갈등의 원인을 이해하고 극복해야 합니다. 베이비붐 세대의 은퇴와 더불어 MZ 세대가 조직 내 대거 유입되는 시기입니다. 86세대와 MZ 세대 간의 끼인 X 세대인 이 과장과 같은 중간 관리자의 갈등은 요즈음 조직의 가장 큰 이슈입니다. 따라서 '어떻게 하면 MZ 세대가 조직에 몰입하고 기존 세대와 소통하면서 조직 성과에 기여하게 할 것인가?'에 골몰해야 합니다.

그래서 기업들은 세대 간 통합을 위해 직급 폐지, 호칭 변경, 일하는 방식 등을 바꾸어가며 더 큰 노력을 기울이고 있습니다. 시대에 적합한 회사의 조직문화와 팀 문화 구축의 핵심은 팀장에게 달려 있습니다. 밀레니얼 세대가 중간관리자와 팀장으로 성장하고 Z 세대와 90년대 생이 조직에 대거 들어오는 현상에서 팀장의 고민은 깊어질 수밖에 없습니다. 성과 면담과 피드백 시 팔로워가 누구인가에 대한 깊은 성찰이 요구됩니다.

셋째, 위에서 설명한 구조화된 면담 모델(GROW)을 적극적으로 활용해 보세요. 코칭의 순간이 관찰되면 팀장은 어떻게 팀원에게 피드백을 제공해야 할까요? 코칭에 앞서 당신과 팀원과의 신뢰에 대한 파악이 먼저입니다. 신뢰 구축이 미흡한 상태에서 코칭 질문을 던진다면 그에게서 좋은 대답을 기대하기 어려울 것입니다. 상호 신뢰 형성이 되었다는 전제하에 면담을 진행한다면 이후 프로세스를 전개할 준비가 된 것입니다.

다음과 같이 구조화된 코칭 면담 모델 프로세스를 적용하여 면담을 진행해 보면 어떨까요(약속한 5일이 지났는데 보고가 없는 상태이며 혼란스러워하는 이 과장을 팀장이 모니터링한 상태입니다)?

팀장 "이 과장, 아주 바빠 보이더군요. 혹시 오후 2시에 미팅 좀 할 수 있을까요?" **(미팅 요청)**

과장 "네, 팀장님 알겠습니다. 그런데 무슨 일인가요?"

팀장 "아, 이 과장이 진행하는 프로젝트의 벤치마킹이 잘되고 있는지 궁금해서요. 가능하다면 지금까지의 진행된 BM(Benchmarking의 약자) 자료를 가지고 오세요."

오후 2시 미팅 룸에서 면담을 시작합니다.

팀장 "이 과장 요즈음 늦게 퇴근하면서 열심히 일하더군요. 고생이 많지요?" **(인트로 스몰 토크)**

과장 "아닙니다. 늦은 시간까지 남아있기는 합니다만."

팀장 "그런데 무슨 문제라도 있나요?" **(목표)**

과장 "지시하신 동업 타사 부품 국산화 타사 BM 자료가 수집되지 않아서 고민입니다."

팀장 "그렇지요, 벤치마킹 자료를 오늘까지 보기로 했지요? 나도 그게 궁금해서 이 과장을 보자고 했어요. 그래, 어떻게 진행되고 있지요? **(사실 여부 질문)**

과장 "3개 회사 자료를 구하기 위해 노력했지만, 아직 1개 회사자료만 받을 수 있었습니다."

팀장 "이런~ 고생이 많군요. 3개 회사를 대상으로 했는데 1개 회사의 자료만 구했다는 말이군요. 타 회사 정보를 파악하고 자료까지 구한다는 것은 쉽지 않은 일이지요." **(공감)**

과장 "네, 세미나에서 뵌 A 회사 박 과장님은 찾아뵙고 말씀을 드리니 정보와 약간의 자료까지 공유해 주셨습니다. 그런데 다른 2개 회사는 잘 아는 사람도 없고요. 성 대리에게 부탁했는데요. 진행이 잘 안되는 모양입니다."

팀장 "그렇겠네요. 본사에 온 지 얼마 안 되었는데 인적 네트워크도 부족하고 고민이 많겠군요. 어찌 되었든 나머지 2개 회사의 정보는 어떻게 구할 수 있을까요?" **(질문)**

과장 "팀장님도 아시다시피 성 대리가 저보다 관련 경험과 인맥이 있으니 벤치마킹을 더욱 재촉해 보겠습니다."

팀장 "그런데 성 대리가 MZ 세대라서 자기 일을 확실히 하지만 다른 팀원의 업무에는 약간 무관심하지 않나요? 어떻게 하면 그가 도와줄 수 있을까요?"

과장 "제가 현장에서 올라와 성 대리와의 개별적인 친분을 쌓지 못한 것 같습니다. 내일쯤 식사 또는 술 한잔하면서 저의 입장을 얘기해 볼까 합니다."

팀장 "좋은 생각입니다! 협업을 위해서는 서로 알아가는 시간과 친분 쌓기가 필요하다고 봅니다. 주의해야 할 사항은 MZ 세대라는 걸 잊지 마세요."

"나는 혼자 일하지 말고 주위의 동료와 협업을 하면서 시너지를 내는 팀이 되기를 원합니다. 이 과장은 잘 해내실 거라 봅니다." **(실행 및 마무리)**

김 팀장은 면담 모델을 활용하여 문제점을 파악하고 스스로 문제를 인식하며 해결책이나 대안을 찾아서 실행하게 도와주는 미팅을 진행하였습니다.

코칭에서 사용되는 핵심 커뮤니케이션 스킬은 질문과 경청 그리고 피드백입니다. 팀원의 생각을 열고 스스로 깨닫게 하는 질문의 기술과 상대의 마음을 여는 경청의 기술이 균형을 맞추어 반영될 때 더욱 성공적인 면담이 된다는 걸 잊지마십시오.

| 코칭 면담 모델(GROW) 프로세스 |

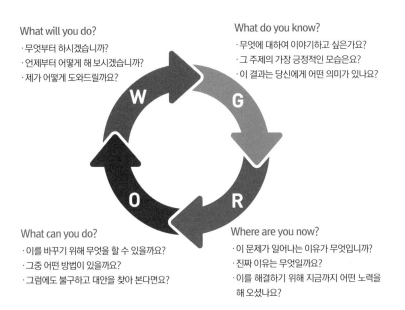

What will you do?
· 무엇부터 하시겠습니까?
· 언제부터 어떻게 해 보시겠습니까?
· 제가 어떻게 도와드릴까요?

What do you know?
· 무엇에 대하여 이야기하고 싶은가요?
· 그 주제의 가장 긍정적인 모습은요?
· 이 결과는 당신에게 어떤 의미가 있나요?

What can you do?
· 이를 바꾸기 위해 무엇을 할 수 있을까요?
· 그중 어떤 방법이 있을까요?
· 그럼에도 불구하고 대안을 찾아 본다면요?

Where are you now?
· 이 문제가 일어나는 이유가 무엇입니까?
· 진짜 이유는 무엇일까요?
· 이를 해결하기 위해 지금까지 어떤 노력을 해 오셨나요?

나는 (   ) 팀장이다

더 높은 성과를 끌어내는 인정과 칭찬 법

누구나 칭찬받기를 원하고 더 높은 보상을 받고 싶어 합니다. 당신 또한 상사의 칭찬에 목말라 하고 있지 않나요? 매너리즘에 빠져있는 이 팀원의 자발적인 업무 수행을 독려하고, 퇴근만을 기다리는 김 대리의 성과를 높이는 칭찬의 기술은 어떤 것일까요? 바로 먹히는 인정과 칭찬의 기술에 대해 알아봅니다.

EPISODE.

○○ 기업에서 일하는 김 대리는 사장님이 지시한 B 프로젝트를 지난 3개월 동안 진행해왔습니다. 그는 어려운 프로젝트를 무사히 완료한 것과 납기 앞당겨서 스스로 만족해하고 있습니다. 또한, 온전히 본인 능력만으로 달성한 성과이기에 정 팀장으로부터 충분한 인정을 받으리라고 내심 기대하고 있었습니다.

김 대리가 완수한 B 프로젝트는 상당한 원가절감 효과가 입증되었으며, 그 결과 6개월 후 사내 우수 프로젝트 상을 수상하게 되었습니다. 시상식장에서 김 대리의 상사인 정 팀장이 수상을 받기 위해 연단에 오르도록 호명을 받았습니다. 그는 모든 팀원의 환호 속에서 프로젝트 최우수상을 받았으나 김 대리에 대한 언급은 한마디도 없었습니다.

김 대리는 시상식 후 3일이 지나서 정 팀장과 일 대 일 미팅을 하게 되었습니다. 마침내 팀장이 자신을 인정해 주나 싶어 김 대리는 기대감에 부풀어 미팅 룸으로 들어갔습니다.

정 팀장은 다음과 같은 말로 대화를 시작했습니다. "김 대리가 수행했던 B 프로젝트가 상당한 원가절감 효과를 가져온 것으로 입증됐어요. 그래서 말인데 이번 새롭게 진행하는 X 프로젝트도 김 대리가 많은 도움을 줄 것으로 기대합니다."

"팀장님, 그게 무슨 말씀이신지요?"

"이번 혁신 TFT팀의 X 프로젝트를 이 과장에게 맡겨서 진행한 지 한 달이나 지났는데 너무나 진척도가 떨어져서 김 대리가 투입되어 도와주었으면 해서요."

"팀장님, 이번 B 프로젝트 하느라 늘 늦게까지 업무에 임했고 그 때문인지 건강도 좋지 못합니다. 현재로서는 TFT팀에 합류하는 것은 무리입니다. 그리고 그동안 아무래도 집중하지 못했던 제 본연의 업무도 처리해야 하고요."

"김 대리, 아시다시피 X 프로젝트가 생각했던 것보다 해야 할 일이 많고, 현재 업무를 수행하기에 충분한 인적 자원이 부족합니다. 또한, 지금 X 프로젝트에 참여하는 팀원들이 최선으로 전력투구를 다 하고 있지 않아요. 게다가 팀원들의 일하는 속도가 너무 느려요. 그래서 난 김 대리에게 도움을 요청하기로 했어요. 김 대리는 능력이 탁월하니 현재 당신이 맡은 일을 해내면서 X 프로젝트 일에도 참여해 줄 수 있으면 좋겠어요."

"팀장님, 지금 와서 제가 참여한다고 뭐가 달라지겠습니까? 팀 전체에 문제가 있는 것 같습니다. 팀의 일하는 방식에 대해서 더 많이 고민해보면 좋겠습니다."

"알았어요, 김 대리가 그렇게 생각하면 할 수 없지… 수고하세요.

(내가 요청하면 기꺼이 프로젝트에 참여하리라 생각했는데 무엇이 문제지?)

💬 이럴 땐 이렇게 해보세요

 팀원들은 자신이 기대 이상의 성과를 내면 당연히 상사의 인정과 칭찬 및 보상을 기대합니다. 그런데 인정과 칭찬은커녕 추가 업무를 맡기려 한다면 어떤 생각이 들까요?

우리나라 팀 문화에서는 솔직하게 자신의 감정을 표현하는 것은 자유롭지 않습니다. 예전에 '말하지 않아도 알아'라는 광고 카피가 있었습니다. 그러나 요즈음 MZ 세대에게는 통하지 않습니다. 그들은 소신 있게 자신의 이야기를 하는 성향이 강합니다. 그만큼 자신이 조직에서 어떻게 평가받고 있는지 무척 궁금해합니다. SNS와 유튜브에 몰입하는 그들이 가장 좋아하는 표현은 '좋아요'입니다. 좋아요를 받기 위해 무모한 모험도 불사하고 비상식적인 일탈을 보여주기도 합니다.

그럼 앞에서 살펴 본 사례에서 정 팀장은 어떻게 김 대리의 성과를 인정해야 했을까요? 구체적으로는 어떻게 인정하는 표현을 해야 했을까요? 공식적인 장소에서 김 대리에게 공개적인 칭찬을 해야 했습니다.

"이 프로젝트에 성공할 수 있었던 것은 김 대리의 아이디어가 중요했습니다. 또한, 강한 집념으로 포기하지 않고 이해관계자들을 설득했기 때문에 가능했습니다!"

이렇듯 구체적으로 그의 노고를 인정해야 합니다. 공식적인 장소에서의 인정이 힘들었다면 면담 초기에라도 본 성과에 대해 솔직한 칭찬을 해야 했습니다.

그렇다면 인정과 칭찬을 어떻게 표현해야 효과적일까요?

첫째, 인정과 칭찬은 구체적이어야 합니다. 만약에 팀장에게 본부장이 "정 팀장 잘했어!"라고 간단하게 말한다면 당신은 어떤 생각이 들겠습니까? 무엇을 잘했는지 어떻게 도움이 되었는지를 구체적으로 말해 주어야 합니다.

둘째, 잘한 행동에 대한 팀장의 긍정적 감정과 영향을 결합하여 표현해야 칭찬의 진정성이 전달됩니다. "김 대리, 이번에 수행한 B 프로젝트가 전체 금액 대비 5% 상당의 원가절감이 입증됐어요. 제가 김 대리를 대신해서 수상했다고 생각해요. 덕분에 칭찬받았습니다. 이는 김 대리가 늦은 시간까지 강한 집념으로 프로젝트를 완수한 결과라고 봅니다. 정말 고마워요."

셋째, 공식적인 자리와 비공식 자리를 구분하여 진행해야 합니다. 회사에 엄청난 성과 기여를 했다면 모를까 모니터링 과정 중의 칭찬은 개별적으로 진행하는 것이 바람직합니다.

넷째, 칭찬은 관찰될 때마다 즉시 해야 효과적입니다. 그래서 모니터링이 중요하며 칭찬의 순간을 놓치지 말기 바랍니다. 다음과 같이 칭찬의 포인트를 감안하여 면담을 진행해 보시길 바랍니다.

다시 한번 강조하지만 인정과 칭찬의 핵심 포인트는 '구체적이어야 한다'는 점입니다. 그럴 때 진정성이 전달되기 때문입니다. 게다가 팀과 팀장에 대한 영향(Impact)을 언급하고 팀장의 감정(Feeling) 표현을 잘해야지만 더욱더 효과적입니다. 칭찬한 후에는 추가적인 업무 요청이나 질책 등은 해서는 안 됩니다. 칭찬은 순수(Pure)하게 진행되어야 합니다. 진정성의 힘은 긍정적인 피드백으로 다시 돌아오게 될 것입니다.

성과를 잘 내지 못하는
팀원의 개선 피드백 방법

열심히는 하는 데 성과가 나지 않는 이들이 있습니다. 팀장으로서는 안타까운 마음이 들기도 합니다. 성과 부진자(C-Player)의 성과 개선을 위한 방법은 어떤 것이 있을까요? 지시 방법을 바꾸고 질책도 하고 칭찬도 하며 함께 술을 먹으면서 개선을 요구하지만, 별반 효과가 없다면 어쩌겠습니까? 지속적인 성과 부진자의 성과 개선을 위한 실용적인 피드백 방법을 제언합니다.

EPISODE.

항상 일찍 출근하고, 퇴근까지 쉬는 시간이 없는 사람. 바로 정 대리의 일상입니다. 얼마 전에는 팀의 신규 프로젝트 기획안을 만드느라 쉴 틈이 없어 보였습니다. 금번 신규 프로젝트 진척이 궁금하여 정 대리와 미팅을 진행하였습니다.

"정 대리, 요즈음 엄청 열심히 일하더군요?"

나는 ( ) 팀장이다

"아닙니다. 생각보다 G 프로젝트의 기획 초안 작성의 진척이 잘 안 됩니다."

"그러면 주변의 팀원들에게 조언도 구하고 미팅도 요청해서 아이디어를 구하면 어떨까요?"

"팀장님, 이번 프로젝트는 저의 아이디어에서 출발한 기획이니까 제가 알아서 진행해 보겠습니다. 좀 더 시간을 주시면 좋겠습니다."

"그래요? 그럼 얼마 정도의 시간이면 초안을 받아 볼 수 있을까요?"

"다음 주 월요일에 보고 하겠습니다."

"오케이, 언제든지 궁금한 사항이나 협조가 필요하면 동료 또는 나에게 물어보시고요. 수고하세요."

"네, 팀장님. 온 힘을 다하겠습니다!"

다음 주 월요일 오전 11시에 미팅 룸에서 정 대리의 기획안 초고를 검토하였습니다. 그런데 기획안은 결과적으로 많은 수정을 요청하게 되었고 이와 더불어 일정은 늦어지게 되었습니다. 기획의 목적과 니즈가 분명하지 않고 해결안이 구체적이지 못해 '과연 이대로 가능할까?'라는 의구심이 들었습니다.

미팅을 마치고 나서 '왜 이와 같은 일이 벌어졌을까?'에 대해 고민해 보았습니다. 기획안을 혼자서 구상해 보겠다는 의견을 받아들여서 개별적인 시간을 많이 주었던 게 잘못인지, 정 대리의 일하는 방식에 문제가 있는지 아니면 성격의 문제인지 머리가 복잡해집니다.

돌이켜보면, 정 대리는 기획안이나 제안서 작성을 열심히 해보려하지만 매번 만족스럽지 못했습니다. 다른 업무를 주려고 했지만, 내성적인 성격인 탓인지 대인관계에 쑥스러움이 많아 혼자 하는 일을 좋아해 딱히 적합한 다른 업무를 찾지 못하는 실정입니다. 정 대리에게 좋은 결과를 낼 수 있도록 기회를 주고 싶지만, 방법이 잘 생각나지 않습니다. 어떻게 하면 좋을까요?

💬 이럴 땐 이렇게 해보세요

팀의 저성과자들이 관리되지 않을 때 팀에는 어떤 일이 일어날까요? 성과의 수준이 낮아지거나 해낼 수 있는 업무의 양도 줄어듭니다. 결국은 팀의 경쟁력을 상실하게 될 우려가 있습니다. 더불어 다른 팀원들은 저성과자의 업무를 추가로 떠맡게 될 가능성이 있고 팀워크에 대한 불만이 나타나게 됩니다.

이로 인해 팀원들은 일에 대한 의욕이 떨어지고 팀장에 대한 신뢰를 저하시킬 수 있습니다. 게다가 저성과자는 다른 팀원들에게 좋은 역할 모델은 될 수 없으며, 코치나 멘토의 역할은 더군다나 엄두조차 낼 수 없습니다. 궁극적으로는 또 다른 성과 부진자(C-Player)를 낳는 부정적인 현상이 발생합니다.

팀 내 저성과자를 관리하는 방법은 먼저 '누가 팀의 저성과자인가?'를 검토하는 일에서 시작됩니다. 저성과자를 검토하는 진행 절차는 다음과 같습니다. 실제로 당신의 팀원들 중에 누구의 업무 성과가 염려되는지요? 그의 이름이나 이니셜을 떠올리면서 단계를 따라가 보시기 바랍니다.

1단계: 해당 팀원이 업무 수행을 위한 기준과 목표 설정이 제대로 되어 있는가? 1단계의 문제라면 그와 함께 개별 목표를 다시 설정하고 합의하는 피드백 체계를 재수립해야 합니다.

2단계: 해당 팀원은 업무 수행상의 장애 요인이 있는가? 만약 해당 문제라면 일하는 환경의 재조성, 업무 프로세스의 재정립과 자원의 재활용 등의 장애 요인 제거가 필요합니다.

3단계: 업무 수행을 위한 지식과 기술을 갖추고 있는가? 그렇다면 그에게 교육(코칭 포함) 및 실습 기회를 제공하고 구체적인 육성 계획을 수립하여 실행하면 됩니다.

4단계: 업무 수행 과정에서 과오가 자주 발생하고 변화의 의지가 있는가? 태도에 문제가 있는 팀원에 대한 관리 단계가 현업 팀장들이 가장 힘들어하는 고민입니다. 특히, 노동조합이 경영 및 인사에 영향력이 미치는 강력한 조직이라면 더욱더 해당 저성과자에게 퇴직을 권고할 수는 없습니다. 인사는 팀장의 고유 권한이지만 팀장 마음대로 팀원을 해고할 수는 없는 환경이 애석할 따름이지요.

이직 권유 또는 전환배치 발령을 보내지 않을 거라면 먼저 그가 업무 성과를 조금이라도 높일 수 있도록 업무에 대해 꼼꼼히 점검하거나, 일의 우선순위, 일하는 방법 등을 지도해 볼 필요가 있습니다. 그런데도 지속적인 문제가 있는 팀원은 어쩔 수 없이 인사팀과 협의해서 다른 팀으로의 전환 또는 직무 전환을 해야 합니다.

성과 개선 요구의 피드백 스킬은 다음과 같습니다.

지속적인 태도의 문제가 있는 팀원에 대한 마땅한 해결책이 없다고 합니다. 최후수단으로 팀 내 직무 전환 배치 및 타 팀 이동 발령 요청이 가능합니다. 하지만, 마지막으로 성과 개선 요구 피드백의 노력을 기울여 볼 필요가 있습니다. 다음에 제공하는 실용적인 5단계(5 step) 피드백 프로세스를 제시해 드리니 적용해 보시기 바랍니다.

첫 번째 스텝은 관찰한 문제(Fact)에 관해 이야기합니다.

"정 대리의 G 프로젝트 초안이 예정보다 늦었네요. 그리고 방향성이 명확하지 않아서 설득되지 않는 것 같군요(관찰한 사실에 관해서만 이야기합니다. 감정적인 표현이 들어가지 않도록 해야 합니다)."

두 번째 스텝은 잠시 팀원의 반응을 기다립니다.

"팀장님, G 프로젝트를 검토하다 보니 기존의 참고할 자료도 없고 팀장 회의 자료를 제가 취합하고 있습니다. 그러다 보니 시간이 부족해서 일정이 늦어졌습니다. 팀장님도 제가 일이 많은 것을 이해하지 않습니까(변명을 할 수 있다는 사실은 견지합니다. 하지만 들은 내용에 대해 이해와 확인의 경청 기술을 사용합니다)."

세 번째 스텝은 목표를 재확인합니다.

"물론 정 대리가 바쁜 것은 이해가 됩니다. 하지만 팀원들 모두가 바쁜 상황이지만 나와 약속한 마감은 지키고 있습니다. 게다가 지금 같은 상황이 이번만이 아니지요? 지난번 팀장 회의 자료도 이틀 전에 받기로 되었는데 전날 퇴근 무렵에 받았어요."

"팀장님, 말씀드렸듯이 그때는 현업에서 자료 취합이 늦어져서였습니다."

"그래요? 내가 보기에는 팀장 회의 자료 취합이 매번 전날 취합되어서 말씀드린 거 아닌가요(중립적인 목소리 톤으로 감정을 억제하며 목표를 재확인합니다)?

네 번째로 구체적인 해결책을 구합니다.

나는 (   ) 팀장이다

"금번 G 프로젝트의 초안을 금주 내로 본부장에게 보고해야 합니다. 어떻게 하면 일정을 맞출 수 있을까요?

"팀장님, 어떻게든 일정을 맞출 테니까 걱정하지 마세요."

"물론 일정을 맞추는 건 당연하지요. 그렇지만 어떻게 하면 초안에서 방향성을 명확하게 설득할 수 있을까요?"

"팀장님, G 프로젝트와 관련된 유사 자료나 사례가 있는지를 검토하고 콘셉트를 잡을 수 있게 하겠습니다. 그런 후에 콘셉트에 대해서 팀장님께 상의드리도록 하겠습니다."

팀장은 다음과 같은 말로 인정과 칭찬으로 동기부여를 진행합니다.

"정 대리, 정말 좋은 생각입니다(아이디어가 맘에 들지 않으면 더욱 효과적인 방법이 무엇인지 물어보고 더 아이디어가 없을 때는 팀장이 제안해도 좋습니다)."

다섯번째로 팀원과 합의한 해결책에 동의하고 실행토록 지지합니다.

"맞습니다. 콘셉트가 프로젝트의 핵심입니다. 중간보고를 하면 그때 함께 심층 논의를 해봅시다. 난 정 대리가 중간보고 전에 차별화된 콘셉트의 기획안 초고가 나올 거라 기대합니다. 잘 부탁합니다(지지를 보내고 합의한 내용과 실행에 대해 동의합니다)."

팀원의 성과평가를
공정하고 투명하게 하는 법

팀원의 장점은 개발하고 단점은 보완하도록 육성하는 일은 바로 팀장 본연의 역할입니다. 그리고 그것은 성과평가에서도 확실하게 반영되어야 합니다. 하지만 사람은 감정적인 면도 있고 아무리 공사를 명확히 구별한다고 하더라도 더 마음이 가는 팀원이 있기 마련입니다. 가능하면 성과평가의 공정성과 투명성을 유지하기 위해서 고려하여야 할 사항에는 어떤 것이 있을까요?

EPISODE.

- A 팀장: 팀장이 내린 평가에 대해서 팀원이 이의를 신청하면 당장 팀장을 그만두고 싶습니다. 어떻게 평가 결과에 대해 완벽하게 설명할 수 있겠어요? 어떤 항목은 직관에 의해 정성적 평가로 진행했는데 어떻게 그걸 정량적으로 평가할 수 있겠어요?

- B 팀장: 전 성과관리에서 평가가 제일 어렵습니다. 평가를 원하는 대로 좋게 줄 수 없을 때, 누군가는 승진을 위해 챙겨주어야

하는 상황에서 전체 팀원의 평가를 조율하기도 어렵습니다. 누군가에게 C를 주어야 하는 상황일 때 팀장은 팀원 얼굴을 보기조차 힘이 듭니다.

- C 팀장: 저희 부서는 애초 목표 설정 시 개별 목표에 대한 지표 설정이 없어서 평가 시 어떻게 상대 평가를 해야 할지 모르겠어요.

성과평가에 대한 팀장들의 고민을 들어 봤습니다. 당신이 성과평가에서 겪게 되는 어려움은 무엇인가요? 다음과 같이 공정하고 투명한 성과평가 방법을 제언합니다.

💬 이럴 땐 이렇게 해보세요

 성과평가에 앞서 회사의 인사 평가 제도를 충분히 숙지하는 것이야말로 공정한 평가 면담의 기틀이 됩니다. 교통법규를 모르면 운전을 할 수 없듯이 인사 평가 제도에 대한 이해가 부족하면 투명하고 공정한 평가를 할 수 없습니다.

더불어 인사 평가는 만능이 아니라는 걸 간과하지 마세요. 일상적인 업무에서 나타나지 않는 성격, 습관, 장래성 등은 평가의 대상이 될 수 없습니다. 인사 평가의 궁극적 목적은 팀원의 능력 개발과 이를 통해 조직의 성과를 향상하는 데 있습니다. 처우와 보상에 차별을 두기 위한 평가가 아니라 팀원의 장점을 개발하고, 단점을 보완하도록 육성하는 데 목적이 있으며 이는 동기 부여와 직결된다는 걸 떠올리세요.

성과평가자인 팀장은 평가 및 면담에 관련된 지식과 기술 및 태도 등을 부단히 연마해야 합니다. 평가자는 팀원보다 뛰어난 성과 제도에 대한 이해와 면담 능력과 자질을 가지고 공정하게 평가할 수 있도록 노력해야 합니다. 그런데도 현업의 성과평가 면담에서는 다양한 상황이 벌어지고 있으며 이를 극복하기 위한 팀장의 노력이 성공적인 성과관리 제도와 운영의 기틀이 됩니다.

먼저 평가 공정성 확보에 심혈을 기울여야 합니다. 성과평가의 공정성은 팀장과 팀원 모두에게 매우 민감한 문제입니다. 팀장은 평가에 대한 부담감을 줄이기 위해서 무엇보다 평가에 대한 확신과 자신감이 필요합니다. 팀원들의 성과평가 불만 요인을 들어보면 다음과 같습니다.

- "우리 팀장에게 피드백은 없고 단순히 S, A, B, C, D의 등급 배분만 있을 뿐입니다."
- "KPI 보다 우리 팀장이 평소 생각을 평가에 반영하는 것 같아요."
- "성과를 낼 수 없는 환경인데 어떻게 하란 말인가요?"
- "경력자가 좋은 과제는 다 챙겨가고 비 경험자는 좋은 평가 받기는 틀렸어요."
- "신입사원, 팀 이동 예정자에게 저평가 주고, 승진 예정자에게 평점 몰아주고 했는데… 이제 와서 공정한 평가라니요?"

그렇다면 성과평가의 공정성은 어떻게 확보해야 하는가요? 성과평가의 공정성을 확보하려면 개인 핵심성과지표(KPI)에 대한 사실(Fact)을 토대로 객관적으로 평가된 자료가 준비되어 있어야 합니다. 또한, 평가자가 범하기 쉬운 오류가 있음을 주지하고 스스로 점검해보아야 합니다. 팀장은 성과평가

나는 (   ) 팀장이다

시즌이 되면 평가 오류 최소화를 위한 노력과 공정성을 확보하기 위해 노력한 점을 팀원들에게 보여줍니다. 다음의 공정성 확보를 위한 검토사항을 꼼꼼히 점검해 보길 제안합니다.

| 공정성 확보를 위한 검토사항 |

- 평가의 공정성과 투명성에 대한 지각과 수용성이 감소됨
- 상대적으로 우수한 팀원의 사기와 팀 기여가 절감됨
- 팀원들의 강점(장점)과 약점(단점)을 파악해 낼 수 없음
- 개인별 성과 수준(난이도) 차이에 대한 분별력이 떨어짐
- 팀장에 대한 신뢰와 팀에 대한 업무 몰입이 저하됨
- 열심히 일하려는 의욕과 열정을 상실함
- 회사와 팀을 떠나려는 시도가 일어남

실적이나 경력관리에 관심이 없는
팀원의 평가 면담법

평소에 자신의 경력 관리나 평가에 크게 관심이 없는 팀원이 있습니다. 개인의 가치관의 차이일 수도 있지만, 성장 욕구가 없다 보면 아무래도 팀 성과에 좋은 영향을 미치기 힘듭니다. 그렇다면 이런 팀원은 어떻게 평가 면담 시 대처해야 할까요?

EPISODE.

"오늘 서 대리를 만나고자 한 목적은 금번 상반기 업적 평가에 대해서 결과를 공유하고 앞으로의 대책을 세우기 위해서입니다."

"네, 팀장님 그러시지요. 말씀하세요."

"서 대리의 상반기 업적 평가에 대한 내 의견을 이야기하고 내년도 계획을 수립하기 위해 이 자리를 마련했어요."

"먼저 서 대리의 평가 결과와 그 이유부터 이야기해 볼게요. 될 수 있으면 팀원 모두가 좋은 성과를 내고 그에 합당한 평가를 받기를 원합니다. 그런데 서 대리의 지난 하반기 실적은 저의 예상보다 미흡합니다."

"팀장님, 제가 미흡했다고요? 그 정도는 아닌 것 같습니다만, 평가는 알아서 잘해주셨으면 합니다."

"서 대리는 평가에 전혀 관심이 없는 사람으로 느껴집니다. 올해 서 대리가 저랑 설정한 KPI가 무엇인지는 아시지요?"

"제 KPI요? 그건 팀장님도 잘 아시잖아요. 전 나름 달성하기 위해 열심히 했는데요?"

"서 대리의 지금 태도는 평가에 관심이 없는 사람 같아 보여요. 이 면담이 승진과 인센티브에 영향을 미치는 걸 모르는 사람 같군요."

"팀장님! 솔직히 우리 팀의 평가는 이미 승진자 위주로 정해져 있지 않나요? 매년 별반 차이가 없는 목표 설정과 보상은 저는 더 의미가 없다고 생각합니다."

"서 대리, 지금 이 면담이 얼마나 중요한데… 관심 좀 가져 봅시다."

"제가 뭘요? 어찌 되었든 제 평점은 알아서 잘 주세요."

💬 이럴 땐 이렇게 해보세요

성과평가를 진행하다 보면 다양한 팀원의 상황을 맞이하게 됩니다. 일반적으로 나타나는 다음 사례들을 함께 고민해 보시길 바랍니다. 성과평가 면담에 관심이 없거나 반응이 없는 팀원이라면 어떻게 대응하면 좋을까요?

팀원과 임의의 계약을 해보세요. 성과평가의 관심을 높이기 위해 피평가자와 면담 시 팀원의 경력과 관련된 일종의 계약을 암시하는 면담 시도입니다.

"서 대리, 인사평가는 승진 및 보상에 매우 중요한 잣대가 되는 것 아시지요? 머지않아 승진을 해야 하는데 지금부터 좋은 평가를 위한 노력이 필요한 시점이라고 봅니다."

"서 대리, 지금 진행하는 평가 면담은 향후 실행 계획을 잘 세우고 목표 달성을 위한 방법까지 논의하는 중요한 자리입니다."

즉, 기업 및 팀의 목표와 그의 경력 목표를 연계시키는 경력관리 차원의 대화임을 상기시키는 것입니다. 그렇지만 "당신이 이것을 해주면 고과는 책임질게."라는 약속은 절대 금물입니다. 계약하고 만에 하나 약속을 못 지키면 돌이킬 수 없는 치명적인 상황에 빠지기 때문입니다.

추가로, 평가 면담 분위기를 조성하여 평가에 대한 팀장의 진정성을 보이면 팀원의 참여가 높아질 것으로 봅니다.

평가권자인 팀장은 면담의 중요성과 분위기 조성을 위한 일정 관리를 잘해야 합니다. 평가 면담을 앞둔 한 달 전에는 평가 면담을 공유하는 팀원 전체 미팅을 합니다. 팀장은 면담의 중요성, 면담 시 주요 내용, 면담 절차 등을 공유 및 협의해야 합니다.

평가 면담을 앞둔 2~3주 전에는 팀원들과 개인별 면담 일정과 장소를 합의해야 합니다. 이때, 팀원이 사전 준비(자기평가서, 관련 근거)를 해올 것을 반드시 당부합니다.

그런 다음 평가 면담을 앞둔 며칠 전에는 메일을 활용하여 면담의 과정과 함께 논의할 내용이 무엇인지 공지합니다.

일정 공지를 통해 팀장이 평가 면담에 임하는 자세를 피력해야 합니다. 다시 말해서, 평가 면담의 목적과 초점을 알려 평가 면담 분위기 조성에 정성을 다해야 합니다.

평가에 동의하지 않거나 감정적인 팀원의 평가 면담법

상황에 대해 객관적으로 자신을 바라보기보다는 감정적으로 대처하는 이들이 있습니다. 더불어 조금이라도 부정적인 피드백을 하면 쉽게 오해하는 이들도 있습니다. 이런 팀원이라면 특히 자신의 성과평가가 자신의 기대 이하였다는 생각이 들면 동의하지 못하고 크게 동요할 수 있습니다. 이런 팀원, 과연 어떻게 대처해야 할까요?

EPISODE. 1

"오늘 미팅은 상반기 업적 평가 결과에 대한 공유와 하반기 목표 달성 계획을 협의하기 위해서 진행합니다."

"네! 팀장님, 저도 그런 거로 알고 있습니다. 그런데 팀장님, 제 업적 평가 결과는 어떻게 됩니까?"

"6개월 동안 지 대리의 목표 대비 실적을 분석하고 팀원들과의 공평성을 고려하여 상반기 평가 등급은 B로 결정하였습니다."

"잠깐만요, 팀장님. 평가 등급이 B라니요? 이건 좀 지나친 것 같습

나는 (　) 팀장이다

니다."

"왜요? 지 대리의 평점이 너무 낮다는 말인가요?"

"그렇습니다. 아시잖아요, 내년에 승진이 있고, 상반기 평가는 큰 영향을 미치니까, 팀장님이 잘해 보자고 얘기하신 거로 아는데요? 팀장님과 제가 해당 목표만 달성하면 잘 챙겨주시기로 암묵적인 약속을 하지 않았나요?"

"지 대리, 지난번 목표 설정 시 승진을 앞둔 팀원은 목표 초과 달성도 중요하지만, 과정에서도 탁월한 역량을 발휘할 때 좋은 평가를 받을 거라고 말했습니다. 당시 모든 팀원 앞에서 힘주어 얘기하지 않았나요?"

"글쎄요. 저는 그런 말씀 하신 기억이 없을뿐더러 과정 진척도 늦은 적이 없이 수행했다고 보는데요."

"그건 지 대리 생각이고요(모니터링한 자료를 펼치면서)."

"팀장님, 이제 와서 이러시면 안 되죠. 대체, 팀에서 저보다 평점이 높은 팀원이 누구입니까? 저보다 뭘 잘했는지 말씀해 주세요. 저는 팀장님 의견에 절대 동의할 수 없습니다."

EPISODE. 2

"어서 오세요. 연말이 되니까 아주 바쁘지요?"

"아, 네, 오랜만에 팀장님과 일 대 일 미팅을 하네요."

"내가 워낙 바쁘다 보니 이제야 볼 수 있군요. 그래서 결론부터 말하자면 최 팀원에 대한 저의 평가 점수는 B로 결정했습니다."

"팀장님, 제가 약속한 과제 납기를 맞추어 수행했다고 보는데 이 평점은 납득할 수 없습니다."

"최 팀원, 구체적으로 어떤 과제를 말하는 거지요? 내가 보기에는 납기는 맞추었지만, 질적 수준에 문제가 있었다고 보는데요?"

"무슨 말씀입니까? 올해 1분기에 팀장님과 설정한 ○○고객사의 매출을 10% 초과 달성했고 2분기에도 14% 초과 달성하지 않았나요?"

"물론 최 팀원의 개인영업목표는 달성했지요. 그렇지만 애초 팀 성과향상을 위해 합의한 기준과는 다르지 않나요?"

"팀장님, 당시 팀장님과 합의한 목표는 10% 초과 달성이지 않았나요? 그리고 ○○고객사의 상황이 얼마나 어려운 줄 아시면서요."

"최 팀원, 애초 목표에 대한 평가도 중요하지만, 고객사 상황이 변경되면서 추가의 도전과제를 제시했었지요? 당시 매우 중요한 도전과제이고 기한도 중요하지만, 품질이 중요하다고 말했는데요. 도전과제는 원하는 수준까지 확보되지 않았습니다."

"팀장님께서 말씀하신 추가 도전과제는 제 KPI(핵심성과지표) 항목이 아니지 않나요?"

💬 이럴 땐 이렇게 해보세요

먼저 모니터링을 통해 기록했던 체크리스트를 제시하세요. 위와 같이 민감한 상황이 벌어진 이유는 무엇일까요? 평가에 앞서 목표 설정과 과정관리가 제대로 되어있는지를 검토할 필요가 있습니다. 목표 합의에 문제가 없었다면 과정관리에서 관찰된 모니터링 체크리스트를 제시해야 합니다. 논리적으로 반박하는 팀원에게는 관찰한 체크리스트와 역량평가 기록 시트를 기반으로 평가 면담을 진행해야 합니다.

다시 한번, 과정 모니터링 시 객관적인 관찰로 작성되었는지 점검해보세요. 모니터링은 상호 합의된 객관적인 기준에 의해서 관찰된 말과 행동을 기록해야 하기 때문입니다. 관찰이란 '미루어 생각하여 논한다는 것'을 의미합니다. 또한, 어떠한 판단을 근거로 삼아 다른 판단을 끌어내는 사실에 입각한 표현입니다. 즉, 팀원의 사실(말, 행동)에 대한 구체적인 기술이 필요합니다.

추측해서는 안 됩니다. 추측이란 언행 배경에 있는 것에 대한 주관적인 견해입니다. 예를 들어 "그는 관념적 인간입니다.""그는 무책임한 사람입니다."와 같은 말을 하는 것입니다.

추측이 아닌 객관적인 말과 행동에 대한 모니터링 체크리스트와 관찰 일지 등이 평가 면담에서 결정적인 근거로 활용됩니다. 관찰 자료가 잘 준비된 면담이라 할지라도 민감한 상황의 면담은 사고를 자극하는 질문, 공감적 경청, 간단명료하게 말하기 등의 의사소통 기술이 여전히 가장 중요합니다.

팀원의 동의를 구하는 평가 면담은 어떻게 진행해야 할까요? 평가는 따로 국밥과 같은 것이 아닙니다. 그래서 목표에 팀 전체와 개인별 합의가 전적으로 필요합니다. 더불어 추진 과정상의 오류는 없는지 무엇을 도와주어야 하는지 수시 모니터링과 피드백이 이루어졌다면 걱정할 필요가 없습니다.

면담 전 동의할 수 있는 근거자료(관찰일지, 모니터링 체크리스트, 보고서)를 정리하여 면담을 진행해야 한다는 것을 잊지 마세요.

최 팀원과 면담의 논점은 팀 이슈인 '도전 과제를 KPI로 적용했는가?'입니다. 또한, 상호 간에 합의를 이루었는지에 대한 쟁점이 발생합니다. 언제 어떻게 합의했는지 관찰 일지에 작성된 것이 근거자료임을 잊지 마세요.

평가 면담 시 절차와 방법에 대해 익숙해지도록 노력합니다. 면담 과정에서 다양한 상황에 대처하는 방법을 정확하게 인지하고 면담 장소로 들어가야 합니다. 앞서 다룬 민감한 상황이 예견된다면 꼭 사전 시나리오가 정리되어 있기를 바랍니다.

다음은 면담 절차와 챙겨야 할 사항 및 주요 내용입니다.

첫째, 최대한 편안한 분위기를 조성합니다. 앞에서도 언급했지만, 초기 면담을 위한 래포 형성에서부터 면담의 수준이 확보된다는 사실을 명심하기 바랍니다. 최 팀원 사례는 분위기 조성부터 문제가 있다고 보입니다. 비위협적인 도입 방법을 다시 한번 상기하시고 최 팀원에게 지지를 보낼 사항이나 인정과 칭찬할 내용이 있다면 놓치지 마세요.

둘째, 면담이 시작되면 면담의 목적 및 면담 진행 과정이 어떻게 진행되는지를 설명합니다. 면담의 중요성과 관심도를 표현하고 진행 시간이나 주요 내용 등이 무엇인지를 알려서 면담의 중요성을 높여야 합니다.

셋째, 목표 대비 관찰한 자료를 토대로 팀장의 평가 점수를 제시합니다. 다음 팀원의 자기평가 점수와 이유에 관해서 물어봅니다.

넷째, 평가에 대한 쟁점이 무엇인지 의견을 교환합니다. 팀장은 간단명료하게 전달하고 적극적인 경청을 해야 합니다. 때에 따라서는 피드백 및 코칭 진행도 가능합니다.

면담 중 잘 된 이유와 부진한 원인 분석(Good & Bad)을 토대로 대화를 진행하면 좋습니다. 간과하지 말 것은 팀원이 통제 불가능한 요인이 있었는지 사전에 검토하고 이에 대한 의견 교환이 이루어져야 한다는 점입니다.

다섯째, 평가 점수에 대한 의견 교환이 끝나면 내년도 목표와 해결 방안에

대해서도 토의합니다. 면담이 종료된 후 사후 관찰이 필요하며 때에 따라서

는 추가 면담을 진행하시길 바랍니다.

| 평가 면담 프로세스 |

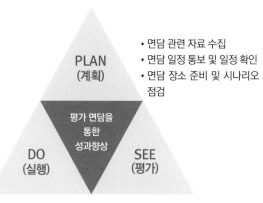

N I N E

T E A M

L E A D E R S H I P

PART 4

나는 (공정한) 팀장이다

승진에 대해 예민한 팀원을 현명하게 이끄는 법

누구나 자신이 일한 만큼 인정받기를 바랍니다. 그중에서도 특별히 큰 성과를 내지 못했지만, 승진을 앞둔 팀원이라면 성과평가에 예민해지기 쉽습니다. 그렇다면 팀장으로서 이런 팀원들에게 어떤 리더십을 발휘해야 할까요?

EPISODE.

며칠 전 김 대리가 할 얘기가 있다고 시간을 좀 내달라고 합니다. 평소 이런 면담을 요청하는 일은 없었는데 이상하다 싶었습니다. '무슨 얘기를 하려고 그런 거지? 아마 내년도 승진 때문에 평가 관련 얘기를 할 것인가?' 하는 생각이 들었습니다.

"팀장님, 바쁘신데 죄송합니다. 개인적인 이슈가 있어 드릴 말씀이 있습니다."

박 팀장은 김 대리를 아무 말 없이 쳐다보았습니다(이 친구 폼을 보니

나는(　)팀장이다

틀림없이 평가 얘기이군… 평소 좀 잘해서 성과를 내지…).

"편하게 얘기하세요."

"예, 제가 내년도 승진 대상자인 거 아시죠? 그래서 이번 평가에 A 이상 받지 못하면 아예 대상자도 되지 않아서요…."

"그래서요?"

"예, 그래서 이번 평가하실 때 고려 좀 해주십사 하고 말씀드리는 겁니다. 내년도에 더욱 열심히 하겠습니다."

(평소 열심히 해서 평가를 잘 받을 수 있도록 하지, 팀장에게 엄청 부담을 주는군.)

"무슨 말인지는 알겠는데, 평가는 팀장의 고유 권한인 거는 알죠?"

"예, 잘 알고 있습니다. 열심히 하겠습니다."

사실 더 얘기해주고 싶었지만, 짜증을 낼 것 같아서… 그냥 보냈습니다.

부담을 주는 김 대리가 솔직히 불편했습니다. 내년도 승진 대상자면 좀 더 적극적으로 일하고 여러 번 커뮤니케이션을 했으면 좋았을 텐데 지금 와서 이러는 게 짜증이 났기 때문입니다.

사실, 고민되는 것은 '김 대리에게 A를 주게 되면, B나 C를 받게 되는 팀원이 생기게 되는데 어떻게 납득을 시킬 수 있을까?'에 대한 것입니다. 특히 C를 받는 팀원에게는 더합니다. 선의의 피해자가 생길 수도 있다는 생각에 머리가 벌써 지끈거립니다.

팀장으로서 갖는 대표적인 고민이 바로 이런 게 아닐까요? 결론 적으로, 자기 평가에 대해 자신감을 가지라는 조언을 하고 싶습 니다. 승진 후보자에 대한 평가는 당연히 고민이 됩니다. 하지만 이런 결과가 도출되기 위해서는 목표 수립부터 중간 점검까지 정량적, 정성 적인 점검이 있어야 합니다. 성과관리의 핵심은 일관성과 투명성이기 때문입 니다.

조직장이 일관성 있게 성과관리를 진행하여 왔고, 투명하게 공유하고 커 뮤니케이션하였으면 조직장으로서 역할을 충실히 한 것입니다.

본인이 정한 기준이나 결과가 B이면 B로 평가하면 됩니다. 이것이 바로 회 사에서 팀장이란 직책을 부여한 이유 중 하나입니다. 물론 마음속에는 감정 이 남아있겠지만, 지속해서 커뮤니케이션을 통해 도전하고 지원하면 좋은 방 향으로 바뀌게 됩니다.

평가 결과에 대한 불만으로 퇴직을 하겠다고 할 수 있습니다. 오히려 이런 태도를 보인 팀원하고 같이 앞으로 계속 근무한다는 자체가 조직이나 팀장 에게 마이너스가 될 수 있습니다. 행동심리학에 따르면 인간들은 대부분 갈 등 상황은 분노 – 거부 – 회피 – 수용의 단계를 거치게 됩니다. 시간이 흐르 면 감정적인 불만은 완화될 확률이 높아지게 됩니다. 단지 앞으로는 목표 수 립부터 업무 부여까지 수시로 커뮤니케이션 및 점검을 통해 팀원이 예측할 수 있도록 성과관리를 하길 바랍니다.

추가 과업으로 인해 본업을 수행하지 못한 팀원 평가 법

조직 내에는 태도가 우수한 팀원도 있고 그렇지 못한 팀원도 있습니다. 늘 태도가 좋은 이가 일도 많이 하기 십상입니다. 그러한 팀원이 업무 과제 이외의 업무 요청으로 인하여 본인의 본래 목표를 달성하지 못했을 때는 어떻게 대처해야 할까요?

EPISODE.

(4개월 전) 저는 주간 단위로 팀 미팅을 진행합니다. 지난주 금요일에 CEO께서 업무 지시를 한 게 있는데 꼭 우리 팀 업무는 아니지만, 당연히 서로 하려는 팀이 없어 제가 하기로 생각하였습니다.

팀 회의를 통해 업무 분장을 하기로 하였습니다. 하지만, 제가 예상했던 것과는 달리 서로 눈치를 봅니다. 제가 했으면 하는 팀원은 박 책임이었는데…(박 책임은 나하고 눈도 안 마주침). 김 책임이 자기가 하겠다고 합니다.

"말씀하신 건은 회사 네트워크나 직무 경험을 고려했을 때 제가 하는 게 어떨까요?"라고 조심스럽게 얘기합니다.

(아니 상대적으로 업무 비중이 낮은 박 책임이 손들지 않고….)

"그래요. 김 책임이 현재 하는 업무가 많지 않아요? 문제없나요?"

"예, 그래서 현재 제가 하는 과제 일부를 재조정하여 주었으면 합니다."

"그렇죠. 혹시 김 책임 업무를 일부 인수·인계받을 사람이 있으면 자원하세요."

음… 그래도 없네(팀 내 이렇게 적극적인 팀원들이 없다니, 이번 과제를 잘 해결하면 본인이 엄청 돋보일 텐데…).

(계속되는 침묵)

"어쩔 수 없네요. 그냥 김 책임이 둘 다 해요. 하면서 필요사항이나 지원 사항이 있으면 얘기하고…."

"예."

업무 요청을 할 때 명확하게 업무량을 고려하여 역할 분장을 하여야 하는데 거기까지 생각하지 못하였습니다. 김 책임 성격상 겉으로는 어필하진 않지만, 팀 내의 적극적인 문화 조성을 바라는 팀장 입장에서는 난처합니다.

나는 기본적으로 태도를 우선시하는데, 태도가 가장 좋은 김 책임이 목표 미달인데 배려는 하고 싶지만 다른 팀원들 눈치가 보이고….

나는 ( ) 팀장이다

자기 평가에 대해서는 자신 있게 공정함을 유지하는 것이 중요합니다. 특히 우리나라 내의 조직에서 많이 발생하는 이슈 중 하나가 바로 상대 평가 제도의 공정성 문제이기도 합니다. 원칙적으로 팀원들과 약속한 평가이므로 김 책임이 정한 미달 과제에 대해서는 사실대로 평가하여야 합니다. 하지만, 조직 운영 상 적극적이고 태도가 좋은 조직 분위기를 위해서는 당연히 팀장으로서 구제하고 싶은 욕망이 있을 수밖에 없습니다. 팀원들에게 상호 평가를 하게 하여 김 책임에 대한 평가를 고려하는 방법이 있을 수 있습니다(팀 업적에 가장 높은 영향을 주었다는 결과가 나왔을 때).

그러나 바람직한 방향은 아닙니다. 조직장이 업무 지시에 대한 과제를 분장할 때 그렇게 하지 못하였기 때문에 어쩔 수 없습니다. 향후에는 앞서 살펴본 사례를 참고해보세요.

이 부분은 특히 공정함이 요구됩니다. 조직 전체를 이끌어 나갈 때 본질적으로 마음속에 가져가야 할 기본 방향입니다.

기본적으로 편애하는 사람 없이 본인이 정한 공정한 룰 내에서 성과관리가 이루어져야 합니다. 향후에는 추가되는 과제에 대해서는 업무 분장을 명확히 하고, 성과 과제에도 포함해야 하며 공식적으로 공개해서 해야 합니다. 팀원의 참여를 통해 평가 합리성을 올리는 방법은 다음과 같습니다.

1. 인트라넷 & 오피스

2. 업적 공유 세션(개인당 5분 내외로 시간을 동일하게 부여/평가하는 자리가 아님)

(1) 목표 및 실적에 대한 공유(3가지 난이도 구분을 바탕으로 자기 평가 리포트 작성)

(2) 성공 사례, 실패 사례 공유

(3) 왜 안됐을까? 본인이 생각하는 원인

3. 업적 공유 시간 후에 개인별 면담 진행

(1) 자신의 업적에 대해 과장하지 않게 됨(스스로 먼저 평가하게 되면 거짓말하기

가 어려움)

(2) 자신의 레벨을 인지하게 됨

(3) 동료로부터 배우는 기회가 됨

(4) 조직의 정보가 투명하게 공유될 수 있음

(5) 우수 성과자 추천 요청 시, 비교적 공정하게 추천이 이뤄질 수 있음

업적 발표

사례 공유

원인 파악 및 개선을
위한 발표

현실 인식과 개선 방식
피드백을 위한 것

순위 공개는 불편할 수 있지만
현실 인식을 깔끔하게 하는 차원에서는
문제가 없음

수치화하기 어려운
정성 지표 평가 기준을 만드는 법

부서에 따라 업무 특성상 정량화하기 어려운 과제들이 많은 때도 있습니다. 그렇다면 향후 공정한 평가가 가능할까요? 아니면 무리해서라도 모든 업무를 정량화하는 것이 올바른 길일까요?

EPISODE.

"저는 제 업무의 정량화가 가장 어려워요. 회사에서는 무조건 KPI 지표를 정량화하라고 하는데 우리 부서 업무 중에는 반드시 수치로 할 수 없는 것도 많거든요."

개별 목표 수립 미팅을 매년 2월경에 실시합니다. 보통 개별 목표 수립한 내용을 팀 미팅을 통해 공유하고 피드백하는데, 공통으로 팀원들이 가장 어려워하는 것은 업적 결과에 대한 정량화입니다.

"그럴 수 있어요. 팀장인 나로서도 이해는 가지만 실질적으로 정성화된 평가 지표를 공정하게 평가하는 데는 어려움이 있어요. 따라서 어떻게 하면 정성적인 결과물들을 모두가 공감하는 수준까지 만들어 낼지가 고민입니다. 그래도 회사에서 정한 원칙이니 한번 해보자고요."

"예를 들어 정량화하기가 어려운 과제가 어떤 게 있는지 얘기해 보시겠어요?"

사실, 이렇게 회의를 이끌었지만, 팀장 또한 정량화에 대한 고민이 있다. 나중에 평가할 때 이슈가 되기 때문입니다.

모든 과제를 정량화할 수만 있다면 정말 평가하기가 편할 것 같습니다.

전년도에도 김 대리가 정성적으로 평가한 것에 대하여 자기가 생각하는 것과 달리 평가되었다고 불만을 제기한 적이 있었기 때문입니다.

전년도에는 평가는 팀장의 고유 권한이니 그냥 따르라고 하여 설득하였었는데, (설득이 제대로는 안 되었겠지만) 올해는 그러면 안 될 것 같습니다.

🗨 이럴 땐 이렇게 해보세요

정량화는 전부가 될 수 없습니다. 핵심은 정량화가 아니라, 납득입니다. "모든 것은 숫자로 통한다."라는 말이 있습니다. 또한, "측정할 수 없으면 관리할 수 없다."라는 말도 있습니다. 즉, 이 세상에서 발생하는 모든 문제는 수치로 얘기할 수 있다는 의미입니다. 평가도 마찬가지입니다. 우리가 직장 생활을 하면서 '지표는 곧 수치'라는 표현에 길들어 있기 때문입니다. 정성적 지표를 사용할 때는 당연히 부담감이 있습니다. 그럼 어떻게 해야 할까요?

목표 설정이나 결과 측정에서 중요한 것은 정량화가 아니라 지속적인 커뮤니케이션을 통한 '납득'입니다. 물론 정량적 지표들이 납득하는데 유리한 것은 사실입니다. 그러나 그게 전부는 아닙니다.

지표는 측정하기 쉬운 것이 아니라, 중요한 것, 즉 활동의 핵심을 측정하는 도구입니다. 핵심을 정량화하기 어려우면 정성적 지표를 사용하면 됩니다. 즉, 우수, 양호, 미흡, 매우 미흡 등의 기대 이미지를 사용하면 됩니다. 예를 들어 보겠습니다.

운전면허 취득을 하려면 일반적으로 필기시험, 학원 등록, 주행 시험 등의 과정을 거치게 됩니다. 운전면허에 대한 KPI는 학원 등록이 아니라, 2종 운전면허를 12월까지 취득한다가 KPI가 되어야 합니다.

무엇을(What) (운전면허)	언제까지(When) (12월 31일)	도달 수준(Level) (2종)
업무활동		기대효과

팀원들과도 면담할 때도 팀장이 먼저 제시하지 말고 반드시 팀원들이 먼저 제시하게끔 하고, 서로의 기대 수준을 합의하는 것이 좋습니다. 좀 더 예를 들어 보겠습니다. 정량화라는 것은 고민하여 구체화하고 수치화하는 것입니다. 다수의 팀원들은 과제를 KPI로 오해할 수가 있습니다. 좌측은 KPI가 아니라 해야 할 과제이고, 우측이 좌측 과제의 최종 아웃풋인 KPI라고 할 수 있습니다.

KPI를 선정할 때 팀원들에게 이런 고민을 먼저 주문하고, 그 결과를 팀장하고 합의하면 좀 더 정량화에 합리적으로 다가갈 수 있을 것입니다.

· 신입사원 교육 프로그램 강화
· 신입사원 멘토링 프로그램 실시
· 채용 프로세스 개선
· 현업 관리자 대상 채용 인터뷰
　교육 실시

· 신입사원 이직률 20%
　➔ 15%로 개선

· 신입 교육프로그램 만족도 70%
　➔ 80%로 개선

· 평균 채용 사이클 타임 2개월
　➔ 1.5개월

· 경력 지원 이직률 20%
　➔ 10%로 개선

직급별 업무난이도에 따른 평가 기준을 설정하는 법

조직에 따라서 업무의 성격상 같은 업무를 페어로 일하게 될 수 있습니다. 그런데 똑같은 과제의 결과물에 대해 경험과 지식수준이 다른데 똑같이 평가하는 게 맞을까요? 공통 과제이든 개인 과제이든 성과평가를 할 때 직급을 고려해야 하지 않을까요? 이에 대해 살펴봅니다.

EPISODE.

○○팀의 구성을 보면, 책임이 1명, 선임이 3명, 사원이 2명입니다. 그런데 김 대리가 면담 요청을 하였습니다.

"팀장님, 이번 HR 프로젝트 F/U 과제 평가 결과에 대해 문의할 것이 있습니다."

"네, 도와줄 일이 있나요?"

"과제수행 시 제가 박 책임 하고 같이 프로젝트 수행을 맡으면서 정말 열심히 하고 성과도 내었는데 박 책임하고 다르게 평가된 것 같아서요. 사실 제가 직급은 낮지만, 박 책임 못지않게 업무를 수행했는데…."

(뭐야, 평가 얘기잖아, 평가 결과에 수긍이 된 줄 알았는데….)

"아니 팀장이 알아서 준 건데 지금 따지는 건가요? 그리고 다른 팀원들하고 평가 결과를 공유하는 거예요."

"따진다기보다는 그 평가 근거가 궁금해서요. 제 생각에는 페어로 일했고 제가 직급도 낮으니 상식적으로 더 잘 받아야 하는 게 아닌가요? 나중에라도 팀장님의 평가 기준을 알아야 하지만 좀 더 업무를 효과적으로 할 수 있지 않을까 해서 말씀드리는 겁니다. 무례하다고 생각하지 않았으면 합니다."

사실 김 대리 말에도 일리가 있습니다. 열심히 프로젝트 수행을 했고 성과를 냈지만, 그는 다른 직급 높은 동료보다 한 단계 낮게 평가했기 때문입니다. 이는 팀장이 이번 프로젝트의 성과를 프로젝트 멤버들이 협업하여 성과를 내었지만, 박 책임의 리더십에 정성적인 가점을 주었기 때문입니다.

결국, 내가 평가 기준이나 척도를 정확하게 공유하지 않고 개인적인 생각으로만 평가한 것이 김 대리의 불만을 유발하게 된 것입니다.

나는 (　) 팀장이다

먼저 직급에 따른 가중치를 고려해 보세요. 공정성의 이슈입니다. 공정성이란 타인과의 형평성에 대해 느끼는 인식 즉, 차별을 받지 않았다는 느낌입니다. 평가 결과를 납득하는데 가장 중요한 요소입니다.

사람에게는 비교 개념이 있습니다. '인간은 사회적 동물이다'라는 말에는 인간은 관계로 이어져 있다는 얘기이며 그것은 바로 타인과의 비교가 필연적입니다.

열심히 했는데 좋은 평가는 항상 선배들의 몫일 때 김 대리 같은 팀원들은 '이 조직은 비전이 없어… 열심히 일하면 오히려 손해야'라는 생각을 유발하게 됩니다(이런 팀원들은 본인이 납득이 되지 않으면 퇴사할 가능성이 매우 높습니다).

사실 상위 직급자가 어려운 일을 하는 것은 당연합니다. 사원은 혁신적인 과제의 경우 전체의 10%만 해도 됩니다. 앞으로 목표 수립이나 평가 시에는 사전에 직급별 가중치와 난이도를 고려한 기준을 팀원들에게 공유하는 것이 좋습니다.

| 실제 사례: 직급별 가중치를 부여하여 평가한 사례 |

구분	사원		선임		책임	
과제 난이도	달성	가중치	달성	가중치	달성	가중치
A	60	×2.5	70	×2.0	80	×1.5
B	80	×2.0	80	×1.5	80	×1.0
C	90	×1.0	100	×0.8	110	×0.7
총점	230	400	250	340	270	277

앞서 살펴본 도표처럼 가중치를 달리하면, 과제 난이도에 따라 다른 결과가 도출될 수 있습니다. 이러한 기준들을 미리 만들어 사전에 팀원들과 공유하기 바랍니다(가중치는 본인이 다르게 정해도 됩니다).

나는 (   ) 팀장이다

MBO를 조정해 달라는
팀원을 대처하는 방법

빈번하게 갑자기 업무를 변경해 달라거나 혹은 충분히 협의해서 정한 MBO 과제를 조정해달라는 팀원이 있습니다. 이런 팀원의 의견은 어디까지 수용해야 할까요?

EPISODE.

오늘은 최 대리와의 MBO 중간 점검 미팅 날입니다. 수행 과제들에 대한 진척 상황과 이슈 확인 중 갑자기 업무 조정을 요청하는 최 대리….

"팀장님, 지금까지 설명해 드렸던 것처럼 제가 맡은 과제들을 제때 완료하기 위해 일부 업무들을 조정해 주셨으면 합니다."

(개인 목표는 팀 연간 과제 및 업무를 반영하여 팀원 간 합의하여 결정된 사항인데 이제 와서 갑자기 조정해 달라고 하면 어쩌자는 건지? 그래도 일단 들어보자….)

"최 대리, 왜 업무 조정이 필요한지 얘기해 보세요."

"예, 연초 MBO 목표 수립 시에는 부여된 과제를 충분히 완수할 수 있을 것으로 생각했지만 (부여된 과제가 많았고, 목표 수립 자체가 잘못되었다는 … (중략)."

"그래서 지금 동시 진행되고 있는 과제들을 제때 마무리하기 위해 ○○업무를 다른 팀원에게 이관했으면 합니다."

(좀 더 계획적으로 업무를 수행했다면 몰리지 않고 충분히 완료했을 것 같은데, 왜 본인의 일하는 방식에 대한 반성보다는 목표가 잘못되었다고만 생각하지?)

"그럼 중간에 진행상의 이슈가 있을 때 왜 미리 얘기하지 않았나요? 그리고 누가 최 대리 업무를 맡아서 수행했으면 하나요?"

"그건, (…본인 잘못이 아니라 여러 변수 때문이었다는… 중략) ~ 때문입니다. 그리고 ○○ 과제가 거의 마무리된 김 대리에게 이관하면 좋을 것 같습니다."

(김 대리가 ○○ 과제를 완료하기 위해 얼마나 큰 노력을 기울였는지 알고 있는데. 기한을 준수하면서 열심히 일한 팀원에게 일을 더 부여하는 게 맞는 건지…. 업무를 조정하지 않으면 팀 목표 달성이 어려울 것 같아. 그냥 무시할 수도 없고, 그렇다고 합의하여 수립한 목표를 갑자기 조정해 버리면 다른 팀원들의 불만과 팀 내 분위기도 안 좋아질 텐데….)

일을 계획적으로 수행하지 않아 놓고, 이런저런 사유를 되며 목표 수립 자체에 문제가 있었다는 최 대리가 이해되지 않았습니다. 팀장인 나와 중간중간 미리 커뮤니케이션하면서 조치했다면 충분히 해결할 수 있었던 일인데 말입니다.

팀장이 가장 고민하는 것은 최 대리와 같은 상황이 반복되어 업무가 빈번하게 조정되다 보면 팀원 간 불신 및 팀워크에도 큰 영향을 줄 수 있을 것 같아서입니다.

💬 이럴 땐 이렇게 해보세요

단도직입적으로 말해 목표는 변경하지 마세요. 이런 일은 개인 성과관리에서 종종 발생하는 일입니다. 목표 수립할 때 상하 연계가 잘 되도록 철저하게 수립하지 않으면 발생할 수 있는 문제이기도 합니다.

회사에서 정한 중간 점검의 목적은 팀장들이 너무 커뮤니케이션을 하지 않고 최종 평가에만 집중하다 보니 팀원들이 납득하기 어려운 점이 발생하기 때문입니다. 결국, 평가 자체로 인해 회사에 대한 로열티나 업무에 대한 동기부여 저해를 방지하기 위한 프로세스입니다.

공식적인 중간 점검은 말 그대로 중간 점검입니다. 목표를 변경하는 이벤트 기간이 아니라, 연초에 설정한 목표를 어떻게 차질 없이 달성할 것인가를 체크하고 점검하는 시간입니다.

특히, 상대적으로 평가에 영리한 대리-과장급 팀원들이 목표 변경을 요청하는 경우가 많습니다. 그리고 연초에 설정한 목표를 쉽게 바꿔주면, 목표 설정이라는 주요한 활동 프로세스가 체화되지 않게 됩니다.

물론 목표를 수정해야 할 때가 있을 수 있으나, 목표의 수정은 극히 엄격하게 실시해야 합니다. 연초 수립하였던 목표가 환경 변화(사업 철수나 중단 등)로 더 의미가 없을 때는 새로운 과제를 발굴하거나 기존 과제에 집중할 수 있도록 목표 수정을 해야겠지만 이러한 경우를 제외하고는 가능한 한 신중해야 합니다.

회사에서 정한 중간 점검도 중요하지만, 한 달에 1회 이상 목표 진행 상황 미팅을 하길 바랍니다. 그리고 잘해야 합니다. 항상 관찰하고 기록하며 '대화의 기본에 충실하라'는 의미입니다.

따로 커뮤니케이션 노트를 만들어 일시, 내용, 이슈, 지원사항 등을 기록하는 것이 향후 최종 평가 시에도 유용하게 활용될 수 있습니다. 더불어 우리 팀장이 팀원에게 지속해서 관심을 두고 있다는 신뢰감을 주기 때문에 존경받는 리더의 첫걸음이 되어 줄 것입니다.

팀원과 평가에 대한
눈높이가 다를 때 대처하는 방법

성과평가는 어떤 팀장에게나 부담이 가는 과제입니다. 특히 '팀원의 기대와 실제 평가의 차이가 클 경우' 이에 대해 피드백을 할 때 가장 난감할 수 있습니다. 지금부터 그 효과적인 방법을 살펴봅니다.

▌ EPISODE.

조직장의 가장 큰 고민은 평가(우선순위를 부여하는 행동)이고, 평가 결과, 특히 평가 결과가 좋지 않은 팀원들에게 피드백하는 것이 정말 고민되는 행동입니다. 평가를 피드백하는 것이 평가 피드백이 없는 것보다 상사 리더십 평가에 20% 이상 영향을 준다는 연구 결과도 있습니다. 결국, 싫더라도 반드시 평가 결과 피드백 면담을 하는 것이 좋습니다.

그렇다면 평가 결과가 좋지 않은 팀원들과 어떻게 면담을 하면 좋을까요? 평가 결과는 상대적이라, 평가 결과 S를 받은 팀원들은 대부분 이슈가 없습니다. 결국, 본인이 S나 A를 기대했는데 B나 C를 받은 팀원들이 문제입니다.

아무 생각 없이 만나 미팅한다고 해서 해결될 일이 아닙니다. 오히려 갈등만 심해질 우려가 농후합니다. 본인의 평가 결과를 A이상으로 생각했던 김 대리는 다음과 같이 말합니다.

"팀장님, 저는 MBO도 달성하였고, 조직 분위기 형성에도 적극적으로 노력하였는데, B를 받았습니다. 이해가 되지 않습니다. 어떻게 하면 좋은 평가를 받을 수 있는 겁니까?"

"평가권이 팀장님에게 있지만, 솔직히 제 입장에서는 이해하기 어렵습니다."

(음, 뭐지… 내가 보았을 땐 MBO는 달성하였지만, 적극성이나 솔선수범 부분에서 문제가 있어 평가하였는데… 이해하기 어렵다고?)

"그래요, 어떤 부분이 그렇게 이해하기 어렵지요?"

'충분히 더 성과를 낼 수 있고 더 열정적으로 하기를 바랐는데, B 정도 받으면 된 것 아닌가, A나 S를 받으려면 목표 대비 110% 이상 달성해야 하는데, 그 정도는 아닌데.'라는 생각이 듭니다. 더불어 팀장이 가장 고민되는 것은 평가 결과에 대해 면담을 하면서 해당 팀원이 과연 납득이 될 것인가에 대한 것입니다.

나는 (   ) 팀장이다

평가 결과 피드백 면담은 타이밍입니다. 팀장과 팀원과의 평가에 대한 인식 차이는 당연합니다. 평가권자와 평가대상자, 즉, 팀장과 팀원. 보는 시각이 절대 같을 수가 없습니다.

상대 평가 하에서는 팀장은 어떻게든 순위를 정해야 하고, 모든 팀원은 자기에 대한 평가를 잘 받기를 기대할 수밖에 없습니다. 특히, 갭(Gap)이 큰 팀원일수록 고민이 될 수밖에 없습니다.

아무 계획 없이 만나 평가 미팅을 한다고 해서 해결될 수 있는 사안이 아닙니다. 오히려 갈등으로 흐를 가능성이 높습니다. 결국 타이밍이 중요합니다. 평가 결과가 좋지 않을 것으로 예상되는 팀원들에겐 최종 평가 한 달 전에 평가 결과를 미리 어느 정도 알리는 게 좋습니다.

팀장 "김 대리,… 이번 MBO 평가 등급이 어떨 것 같아?"

대리 "네에?"

팀장 "이번 평가 등급은 다른 팀원보다 성과 측면에서 미흡한 것 같아 고민이 되는데."

이렇게 던져두면, 대부분의 팀원은 먼저 충격을 받게 되고, 바로 분노로 바뀌게 됩니다.

대리 "예? 지금 어떤 말씀이세요? 제가 왜요?"

  '내가 팀장에게 나름 잘했는데… 왜 나에게?'

분노에서 더 나아가게 되면 자기 잘못을 인정하는 게 아니라, 제도상 이슈나 팀장의 리더십에 대하여 거부하게 됩니다.

이럴 때는 평가 피드백 미팅을 해봤자 소용이 없습니다. 그냥 기다림이 필요합니다(7-10일 정도 기다리세요). 이후에 수용 단계가 되면, 결국 조직장과 각을 세우는 게 본인에게 득이 되지 않는다는 것을 알기에, 본인의 일부 부족한 부분에 대해 생각하게 되고 아무 일 없는 것처럼 업무를 하게 됩니다. 본인이 그만두지 않는 이상, 조직장과의 관계를 고려하지 않을 수가 없기 때문입니다. 이때가 면담 타임으로 피드백 미팅을 진행하면 됩니다. 물론 공감해주면서 팀장의 기대 수준을 명확하게 전달해야 합니다.

회사에서 정한 중간 점검도 중요하지만,
한 달에 1회 이상 목표 진행 상황 미팅을 하길 바랍니다.
그리고 잘해야 합니다. 항상 관찰, 기록, '대화의 기본에 충실하라'는
의미입니다. 따로 커뮤니케이션 노트를 만들어 일시, 내용,
이슈, 지원사항 등을 기록하는 것이 향후 최종 평가 시에도 유용하게
활용될 수 있습니다. 또한, 우리 팀장이 팀원에게
지속해서 관심을 두고 있다는 신뢰감을 주기 때문에
존경받는 리더의 첫걸음이 되어 줄 것입니다.

N I N E

T E A M

LEADERSHIP

PART 5

나는 (협업하는) 팀장이다

핵심성과지표(KPI)가 달라 협업이 안 될 때의 해결법

영업팀은 프로젝트 수주를 위해 입찰가를 결정해야 합니다. 그런데 전결 규정에 따라 입찰가는 재무팀의 합의가 필요합니다. 영업팀의 핵심성과지표(KPI)는 수주 건수와 수주 총액이며, 재무팀의 KPI는 회사 전체의 손익입니다. 문제는 바로 영업팀과 재무팀의 서로 다른 KPI입니다. 이럴 때는 어떻게 해야 현명하게 조율할 수 있을까요?

EPISODE.

"재무팀장님, 이번 프로젝트는 반드시 수주해야 합니다. 그런데 역시나 입찰가가 관건입니다. 전략적으로 판단하겠습니다."

"이번에도 전략적으로 입찰하신다고요?"

재무팀장은 과거 프로젝트가 떠올랐습니다. 그때도 전략적으로 수주한다며 저가 입찰에 대해 합의해 달라고 했었습니다. 영업팀장이 고집을 부려 어쩔 수 없이 합의는 했지만 결국 회사에 큰 손실을 입혔습니다.

나는 (   ) 팀장이다

하지만 영업팀은 KPI 목표를 달성하여 성과급을 받았습니다. 그래서 '전략적으로 단가를 결정해야 한다'는 영업팀장의 속내가 의심스럽습니다. 결국 재무팀장은 합의는커녕 입찰 서류를 검토하기조차 싫어져 한마디 던집니다.

"전략적이 회사에 손실을 끼치는 것인가요? 전략적으로 입찰가를 산정하셨다니 저는 합의할 수 없고, 재무실장님이나 사장님께 특별 승인을 받아서 하세요."라며, 인사도 제대로 나누지 않고 자리에서 일어났습니다.

💬 이럴 땐 이렇게 해보세요

 조직에서 협업이 안 되는 경우는 그 이유도 다양합니다. 위의 상황에서도 다양한 관점에서 문제를 발견할 수 있습니다. 조직별 성과지표가 달라 지향점이 다를 수 있습니다. 또한, 보상 제도에도 문제가 있습니다. 즉, 영업팀장이 수주에 관한 목표만 달성하게 되어 있고, 목표를 달성하면 성과급을 지급하기 때문입니다.

그뿐만 아니라 팀장들의 일하는 방식에도 문제가 있습니다. 영업팀장은 성과급을 받기 위해 전사 손익에 악영향이 예상되는 프로젝트에 대해 저가 수주를 고집했습니다. 재무팀장은 과거 경험을 바탕으로 추론을 하며 서류를 검토조차 하지 않고 합의를 거부하였으며, 본인이 책임져야 할 합의 사항에 대해 상사의 승인을 받아 오라며 떠넘긴 잘못이 있습니다.

먼저, 협업을 유도하는 성과 보상 제도 개선이 필수적인데, 이를 위한 개선 방향은 다음과 같습니다. 프로젝트 단위로 사업하는 영업팀은 손익까지 책임지도록 해야 합니다. 성과급은 수주 목표와 손익 목표를 균형 있게 반영하고, 이익 기여도를 중심으로 지급해야 합니다. 영업팀의 KPI를 재구성해야 합니다. 수주 건수와 금액 외 고객 유지율, 손익, 품질에 대한 균형 있는 지표로 구성하여 장기적 발전을 추구해야 합니다.

2003년 애플의 아이팟에 반격을 시도했던 소니는 사내에 훌륭한 PC, 휴대용 오디오, 플래시 메모리, 배터리, 콘텐츠(미국 & 일본 소니뮤직) 부서를 모두 보유하고 있어, 아이팟의 대항마를 출시할 수 있을 것으로 여겨졌습니다. 하지만, 사내 각 부문/부서 간 경쟁으로 다져진 소니의 기업문화는 통제 불가능으로 이어져, 아이팟 대항마로 출시한 제품은 참담히 패배하고 맙니다. 즉, 이 역시도 사내 부서별로 별도의 KPI를 갖고 상충하면서, 협업이 아니라 경쟁했기 때문에 발생한 상황입니다.

이처럼 성과와 보상 제도에 대한 개선이 우선되어야 합니다. 하지만 여기서는 제도 개선은 간단히 언급하고 팀장의 태도를 중심으로 생각해 봅니다. 팀장들의 업무 수행 방식에 개선이 필요합니다. 그렇다면 영업팀장의 리더십은 어떻게 바꿔나가야 할까요?

먼저 전사적으로 악영향을 줄 수 있다는 것을 알면서 부서의 목표를 달성하기 위해서만 의사결정을 해서는 안 됩니다. 회사의 보상 제도가 그렇기 때문이라고 탓할 수는 있지만, 리더의 행동은 양심적이어야 합니다. 프로젝트 진행 후 결과가 뻔히 보이는 의사결정은 금방 드러나게 됩니다. 따라서 눈앞의 이익이 아니라 장기적인 관점에서 판단해야 합니다. 금전적 보상이나 승진 등 단기적인 보상에만 집중하는 경제적 유혹에 흔들리지 않아야 진정한 리더라는 점을 명심해 주세요.

나는 (   ) 팀장이다

재무팀장의 리더십 개선 포인트는 3가지로 제안합니다. 바로 '추론을 하지 말라. 정확한 근거를 만들라. 책임을 전가하지 말라.'로 이를 좀 더 자세히 설명하면 다음과 같습니다.

'추론의 사다리(Ladder of Inference)'라는 개념이 있습니다. 사다리를 올라갈수록 판단과 추론이 많아져 사실(Fact)에 근거한 판단을 하지 못하게 된다는 의미입니다. 재무팀장은 과거의 본인 경험에 따라 '이번에도 그럴 것'이라고 판단했습니다. 입찰가에 관해 내용을 들어 보지도 확인하지도 않았으니 말입니다.

'영업팀장이 또 거짓을 고하고 과장을 하는구나.', '이번에도 저가로 입찰하여 회사에 큰 손실을 입힐 것이야.', '지난번에 쉽게 합의해 주니 이번에도 당연히 해 줄 것으로 기대하는군.' 등 객관적인 시각이 아니라 제멋대로 판단하는 것이 바로 추론입니다.

협업을 위해서는 오해부터 없애야 합니다. 오해는 대부분 추론을 통해 발생하기 때문입니다. 상대방의 입장에 대해 들어 보고, 정확한 정보를 파악하여 사실에 근거한 판단이 필요한 이유입니다.

군대에서는 작전을 전개 후 결과에 대해 검토하는 'AAR(After Action Review)' 즉, 사후 검토 회의를 합니다. 지난 과거 프로젝트를 분석하고 개선 방안을 마련해야 하며 이를 근거로 다음 프로젝트에 반영해야 한다는 의미입니다. 하지만 대다수의 조직에서는 결재 과정에서 합의한 이들은 대체로 합의한 사항에 대해 진지하게 고민해 보지 않습니다.

재무팀장은 과거 프로젝트에 대해 철저한 분석을 해야 합니다. 물론 손익을 정산하는 활동은 하지만 그 이유를 깊이 있게 분석하지 않는 일이 허다합니다. 제안 내용과 결과에 대해 분석하고, 과거 기록을 통해 근거를 제시하며 합의해야 합니다. 필요하면 향후 재발 방지 서약서 청구, 또는 권한 위임의 범위에 대한 예산 규모 등을 명확히 제시해야 합니다.

또한, 협업이 안 되는 원인으로 가장 많은 것은 개인주의나 부서의 이기주의 때문입니다. 내 목표만 달성하자고 생각하거나, 그 목표 달성을 통해 나의 이익만 챙기자는 생각으로 접근하면 안 됩니다. 협업은 과거의 경험, 나쁜 기억을 떠올려서 추론하면 곤란합니다. 매번 개별 사안으로 검토하고 협의하는 자세와 객관적인 데이터로 분석하고 판단하는 자세가 필요합니다.

경쟁 부서 간에 정보를 공유하지 않을 때 풀어나가는 방법

같은 회사 내에서도 때로는 부서 간 경쟁자가 되기도 합니다. 이럴 때 경쟁하는 부서 간에 정보를 공유하지 않는 경우도 있습니다. 우리 팀의 목표 달성도 중요하지만, 전사적인 차원에서 볼 때 매우 바람직하지 않습니다. 그렇다면 어떻게 해야 다른 부서가 우리 부서를 도와줄 수 있도록 이끌어 낼 수 있을까요?

EPISODE.

P사는 글로벌 기업으로 성장하기 위해 애쓰고 있습니다. 하지만 팀원들은 아직 해외 사업 경험이 부족하고 외국어 능력 등 글로벌 역량이 부족한 상황입니다. 그래서 CEO는 인사 담당 임원에게 글로벌 인재를 키우라고 지시합니다.

인사 임원은 사장의 지시를 받고 인사팀장과 교육팀장을 부릅니다. 두 팀이 협업해서 방안을 만들어야 하는 과제이기 때문입니다. 두 팀장이 잘 협업해 줄 것을 믿지만 책임 여부를 명확하게 해야 하는 것이 좋겠다고 생각합니다. 그래서 이 프로젝트에 대한 주체를 교육팀장으로 정하게 됩니다.

업무 지시를 받은 교육팀장은 고민하게 됩니다. 과연 '글로벌 인재란 무엇인가? 글로벌 역량을 어떻게 키우지? 그동안에 해 온 다양한 교육 프로그램도 많은데 또 무엇을 해야 하지?'

이와 같이 다양한 생각이 떠오릅니다. 교육 담당자로서 20년 경험이 있지만 '좋은 사람을 선발하는 것이 우선'이라는 믿음이 있는 팀장이라 인사팀장을 찾아가서 협의합니다.

"팀장님, 우리 회사에 글로벌 인재 명단이 있으세요?"

다짜고짜 '글로벌 인재 명단'이라는 표현을 들은 인사팀장은 살짝 당혹스러웠지만 차분하게 대답합니다.

"지난번에 교육팀에서 역량 기반 교육을 한다고 할 때 분석해 둔 자료가 있지 않으세요?"라고 오히려 교육팀장에게 반문합니다.

교육팀장은 사내에서 관리 중인 핵심 인재 풀(Pool)을 공유해 달라고 부탁합니다. 하지만 인사팀장은 핵심 인재 명단은 비공개 자료라 절대 줄 수 없다고 합니다. 그러면서 '해외사업을 하는 부서 전체 명단은 줄 테니 업무와 관련된 사람을 선별하여 교육을 하면 되지 않느냐'는 의견을 냅니다. 교육팀장은 당황스럽고 협조가 되지 않는다는 느낌을 받게 됩니다.

　　　　　　　　　　　　　나는 (　) 팀장이다

조직 생활을 하면서 업무를 위해 협업을 요청하는 경우가 많습니다. 하지만 요청하는 사람과 요청받는 사람은 처지가 다를 수 있겠지요. 따라서 이런 점을 정확히 인식하고 협업이 어려운 이유, 즉 장벽이 무엇인지 파악해서 대응해야 합니다.

협업에서는 '자신이 다른 부서를 도와주는 것'도 중요하지만 '다른 부서가 도와줄 수 있도록 끌어내는 것'이 포인트입니다. 조직 생활을 하는 사람들은 각자 자기의 고유 업무가 있기에 시간적으로나 물리적으로 여유롭지 않습니다. 누구나 시간적인 여유는 없이 바쁘고 피곤한 상태입니다. 그러다 보니 여러 부서가 함께 하는 일이나 다른 부서가 요청하는 일에 적극적이지 않을 수 있습니다. 이럴 때일수록 '협업 장벽 (그레이 존, Gray Zone 업무 분장이 애매한 중복 영역)과 업무 처리에 대한 태도'를 점검합니다.

여기서 교육팀장과 인사팀장에게 제안하고 싶은 사항은 다음과 같습니다. 먼저 교육팀장은 인사팀장이 비협조적인 이유를 찾아봅니다. 그런 다음 대응 방안을 고민해야 합니다. 교육팀장은 먼저 인사팀장이 비협조적인 이유를 찾아봅니다. 혹시라도 그동안 자신이 인사팀에 대한 지원 업무를 소홀히 한 적은 없는지도 돌아봅니다. 또한, 인사팀장은 공통 업무에 대해 처리하는 태도를 바꿔야 합니다.

협업을 어렵게 하는 장벽은 4가지로 구분할 수 있습니다. 협업을 방해하는 장벽은 NIH(Not-Invented-Here) 장벽, 독점 장벽, 검색 장벽, 이전 장벽으로 분류됩니다.

NIH 장벽이란 다른 사람의 의견을 구하려고 하지 않는 현상입니다. 즉,

폐쇄적이며 자기 부서나 자신에게만 의존하려는 경향입니다.

독점 장벽이란 승진, 인센티브 관점에서 상호 경쟁을 해서 정보를 독점하고 협업하고 싶어 하지 않는 현상입니다.

검색 장벽이란 정보의 비대칭성을 가져오게 됩니다. 즉, 물리적인 거리와 공간의 문제로 정보 자체를 얻기 어려워서 발생하는 것입니다.

마지막으로 이전 장벽이란 정보를 공유하고 싶어도 받아들이는 사람이 수준이 되지 않아서 지식이나 기술을 받아들이지 못하는 현상이라 할 수 있습니다.

위의 사례에서 인사팀장은 독점 장벽에 빠져 있다고 진단할 수 있습니다. 내용을 모르는 것도 아니고, 물리적 거리가 멀어 비협조적인 것도 아니며, 폐쇄적이라고 보이지도 않습니다. 다만 승진 등 내부적으로 경쟁 관계에 있는 사람에 대해 협조를 해 주고 싶지 않은 마음으로 판단됩니다.

그렇다면 어떻게 이런 상황을 조율해나가야 할까요? 먼저 협업 장벽을 허물 방안을 찾아야 합니다. 인사팀장은 개인적으로 승진이나 인정의 욕구가 있을 수 있습니다. 특히 사장님께서 관심이 있는 과제에 적극적으로 참여하고 싶은데 교육팀장에게 기회를 준다고 느끼면 협업을 소극적으로 하게 됩니다. 기획 회의를 같이하고, 이후 상무님과 사장님 보고를 같이하는 형태로 제안합니다. 그런 다음 기여도에 따른 인정을 해야 합니다.

인사팀장은 고쳐야 할 태도가 많습니다. 특히 중복업무에 대해 더 적극적이어야 합니다. 또한, 인사 임원도 그레이 존의 업무에 대해 지시할 때 유의할 사항을 알아야 합니다. 이러한 업무에 대한 상위 리더의 태도가 협업에 매우 중요한 해결책입니다.

상위 리더는 명확한 업무 범위와 책임을 정해 주고 권한을 위임해야 합니다. 더불어 수시로 미팅을 통해 경과를 확인하고 협의 중인 사항을 확인하며 필요한 지원을 합니다.

앞서 살펴본 상황에서 인사 임원은 교육팀에 업무를 위임할 때 협조가 필요한 점이 무엇인지 확인하도록 지시하고, 협조가 필요한 사항은 직접 확인하며 필요한 부서의 협조를 구해 주는 등 교육팀장이 업무를 하도록 지원하는 것이 중요합니다. 부서별 고유 업무 내용에 대해서는 각 팀장이 권한을 갖고 수행하지만, 그레이존 업무를 처리할 때는 두 업무를 총괄하는 상위 리더가 챙겨야 한다는 의미입니다.

본 과제는 CEO의 관심 사항이라는 점에서 더욱 협조적인 일 처리가 필요하며, 두 팀장의 비협조적인 태도는 결국 인사 임원을 포함한 3명 모두에게 최악의 결과를 가져오게 됩니다.

인사팀장이 상위 조직의 리더로 성장하기 위해서는 상위 조직장의 관점에서 일해야 합니다. 즉, 인사팀 업무나 교육팀 업무는 인사 임원의 일이라는 생각에서 적극적으로 협조합니다. 오히려 내 일이라는 생각으로 교육팀을 지원하는 것입니다. 특히 두 사람은 '승진 라이벌'이라고 다른 사람들이 인식할 정도로 경쟁 관계에 있기 때문에 먼저 도움을 주는 사람이 더 좋은 평판을 얻게 되기 때문입니다.

회사 규정상 업무협조를 거부할 때 대처하는 방법

어느 정도 회사의 규모가 커지면 점점 규정도 많아지게 됩니다. 회사를 위하거나 문제를 예방하기 위한 차원에서는 필요한 일이지만 이런 상황에서 부서 이기주의나 혹은 개인 간 마찰이 생겼을 때는 무기로 돌변하기도 합니다. 타 부서가 문서 보안 규정으로 자료 공유를 안 할 때는 과연 어떻게 협업을 끌어내야 할까요?

EPISODE.

고객으로 급히 제안요청을 받은 영업사원 박 매니저가 고민에 빠집니다. 회사의 제품 소개를 할 때 품질의 우수성을 보여 주고 싶어 고민한 결과, 제품 설계 과정에서 강점이 있음을 알고 이를 부각하려 합니다. 하지만 제안서를 준비할 시간이 부족합니다. 고민 끝에 제품 설계 도면 위에 기술의 우위 요소를 표기하는 아이디어가 떠오릅니다. 그래서 제품 설계 담당에게 설계도를 요청하게 됩니다.

"김 매니저님, 제안서를 급히 준비 중인데요. 제품 설계 도면을 활용해서 품질의 우수성을 표기하고 싶은데 설계도를 받아 볼 수 있나요?"

회사의 규정이 까다로운 것은 알지만 회사를 위한 일이라는 생각에 기대를 하고 질문을 던집니다.

하지만 "아시다시피 우리 회사 내부 규정상 설계실 내 도면은 외부로 공유가 어렵습니다."라는 즉답을 받습니다. 약간 놀랐지만 급한 마음에 한 번 더 확인해 봅니다.

"외부도 아니고, 우리 팀원끼리 그것도 수주를 위해 활용하는데 그런 경우도 보안 규정에 위반되는 것인가요?"

"그러게요. 저도 공유해 드려도 큰 문제가 아니리라 생각하는데 워낙 규정이 까다로워서요."

"김 매니저님, 그럼 다른 방안이 없나요?"

"문서 보안 규정은 예외가 없어요. 얼마 전에 보안 감사에서 우리 팀에 박 매니저님이 걸려서 경위서를 썼거든요. 그래서 저도 공유해 드리지 못할 것 같고 참 곤란하네요."

"보안 규정은 왜 있는 거죠? 결국 회사에 도움이 되라고 있는 거 아닌가요? 김 매니저님."

"저도 그렇게 생각하는데요, 보안 담당 부서는 말이 안 통해요. 대신 제가 화면으로 보여 드릴 수 있어요."

"그래요? 그럼 제가 바로 내려갈게요."

설계실에 가서 화면을 보면서 이면지에 대략적인 스케치를 해서 다시 원본과 비슷하게 그리고 있었습니다. 이를 본 설계실장은 자료를 PDF 파일로 공유하라고 지시합니다. 그래서 PDF 파일로 자료를 받았지만, 자리로 돌아가서 PPT(파워포인트) 파일로 다시 작성합니다. 결국 도면을 얻지 못해서 밤새 다시 그린 다음 처음 아이디어대로 핵심 기술 내용을 모두 포함했습니다. 다행히 결과가 좋아서 수주하게 되었습니다.

하지만 밤새 도면을 다시 그리느라 고생을 했고 시간과 비용을 낭비했다고 생각하니 화가 납니다. 그리고 제품의 개략적인 설명을 위한 설계 도면은 공유되어도 될 것 같다는 생각이 듭니다.

처음에는 협조해 주지 않는 김 매니저에게 무척 서운했습니다. 업무협조가 너무 안 된다는 생각이 들었습니다. 그런데 곰곰이 생각해 보니 그건 불합리한 규정 때문이라는 생각이 듭니다. 내부 팀원 간의 업무 협조를 방해하는 규정을 어떻게 해야 할지 고민하며 김 매니저에게 수주했다는 소식을 전합니다.

💬 이럴 땐 이렇게 해보세요

 협업은 사람과의 관계 문제에서뿐만 아니라 환경적인 요인으로 어려운 때도 있습니다. 협업이 어려운 상황이 발생하면 먼저 요인을 분석해 보아야 합니다. 그것이 사람의 문제인지 환경의 문제인지 구분해 보세요. 이에 따라 대응하는 방안이 달라야 합니다.

타부서의 팀원이나 동료가 비협조적이라면 그 사람의 과거 경험(Experience)과 현재 처한 상황(Situation)을 분석해 보세요. 과거에 나와 불편한 경험이 있

나는 ( ) 팀장이다

다면 협조를 끌어내기 어렵습니다. 그렇다면 '동료가 나에게 업무 협조를 요청했을 때 나는 어떻게 대응했는지'를 돌이켜 보세요. 혹시 자신이 동료에게 비협조적으로 진행한 적은 없는지 돌이켜 보고 그러한 경험이 떠오르면 진심으로 사과하고 협조 요청을 해야 합니다.

다음은 요청받은 업무가 그 사람에게 어떤 의미인지를 생각해 보세요. 지원해 주는 데서 아무런 의미나 보람이 없는 일이라고 판단될 때는 더욱 감사의 표현을 잘하고 특히 시간적인 여유를 가지고 업무 협조 요청을 해야 합니다.

또한, 수시로 상황에 대해 점검해야 합니다. 상대방을 귀찮게 하라는 의미가 아니라 업무 요청을 하고 마냥 기다리면서 도움을 주지 않는다고 탓하고 있으면 그건 요청을 한 사람의 성의가 부족한 것입니다. 마지막으로 규정 등 환경적인 요인으로 협조가 어렵다면 다음과 같이 접근해야 합니다.

내부 규정은 효율성과 상충하는 상황이 종종 있습니다. 비효율적인 줄 알지만 지키도록 하는 규정도 있을 수 있습니다. 예를 들어 안전 수칙에 대해서는 불편하지만 무조건 지키도록 하는 것입니다. 문서 보안도 정보 보호의 목적과 영업의 관점에서 상충할 때가 있습니다. 이 경우 프로세스를 수정하거나 예외 조항을 구체적으로 정리하여 내부 운영 효율과 사업에 도움이 되도록 개정해야 합니다.

제도를 만들어 두고 운영할 때 불합리한 사항을 사용자가 계속 제기하지 않으면 제도는 문제가 없는 것으로 인식되기 일쑤입니다. 다만 자신이 편하기 위한 제안이 아니라 회사에 도움이 되려는 방안을 찾아 지속해서 개선을 요청합니다. 불합리하고 비효율적인 것을 알면서 말하지 않는 것은 회사의 성장에 방해만 될 뿐이니까요.

사내 갑(甲) 부서에 원하는 것을 쉽게 얻는 방법

회사 내 부서 간에도 어느 정도 권력이 형성되어 있습니다. 하지만 그렇다고 해서 부당한 상황을 모두 인정하고 늘 이에 굴복할 수는 없습니다. 그렇다면 지시만 하는 사내 갑(甲) 부서와 협업해야 할 때는 어떻게 해야 할까요? 그 효과적인 대응책을 살펴봅니다.

EPISODE.

각 기업은 사업장 내 안전 규칙을 강화하고 환경 이슈에 대한 대응으로 업무량이 많아지고 있습니다. 산업안전보건법이 강화되고 있기 때문입니다. 다음의 기업에서도 환경 안전팀에서 연구소 지원 부서에 강화된 환경 안전 관련 현황 파악과 대응 방안 마련을 요청합니다.

"김 프로님, 정부의 지침에 따라 강화된 환경 안전 관련 실태를 조사해야 합니다. 연구소가 보유한 설비 및 소재에 대한 안전성 진단을

나는 (　) 팀장이다

위한 실태 조사니까 기한 내에 보내 주시기 바랍니다."

김 프로는 지난번에 했던 일이 생각납니다.

"그건 지난번에 전수 조사를 해서 보고한 적이 있는데요."

하지만 환경 안전팀 담당은 다른 내용이라고 말을 해서 담당이 보 낸 이메일을 확인해 봅니다.

환경 안전 관련 실태 조사 보고서 작성을 위한 현황 파악입니다. 그동안 보고한 내용과 같은 내용입니다. 파워포인트로 정리해서 내 부 관리를 잘하고 있는 내용인데 한글(HWP) 파일로 새로 작성해야 합니다. 내용은 기존 자료를 참고하면 크게 문제 될 것 같지 않지만, 문서 작업을 하려니 걱정이 됩니다.

하지만 '연구소가 제출이 늦었다'라는 소리를 듣고 싶지 않아 기한 내에 제출합니다. 밤을 새우며 작업을 한 것입니다. 다음 날 자료를 받아 본 환경 안전팀에서 다시 피드백이 왔습니다. 직접 수정해도 될 것 같은 사소한 지적이 몇 개 있었습니다. 화가 난 김 프로는 환경 안 전팀 담당에게 전화를 걸어 한마디 합니다.

"그쪽 팀에서 그냥 몇 자 수정하면 될 것 같은데 다시 수정해 달라 는 말인가요? 내용을 모르는 것도 아니면서요. 그럼 환경 안전팀은 무슨 일을 하나요?"

"우리 환경 안전팀도 얼마 전 팀원이 퇴사해서 일할 사람이 없습니 다. 그리고 요즘은 환경 안전 업무를 피하는 거 아시잖아요. 책임만 많은 이 일을 하지 않으려고 합니다. 우리 쪽도 사람이 없어 힘들어 죽겠어요. 다시 작성해서 보내주세요."

사내에서 이런 일은 종종 생기게 됩니다. 일 처리를 꼼꼼히 해서 피드백을 해야 하는 것은 당연합니다. 하지만 사소한 수정은 직접 해도 무리가 없을 때가 많습니다. 게다가 '관련 법규에 따른 일이다. 정부의 지침이다. 감사에 걸린다. 사장님 지시다.' 등 고압적인 자세로 요청하는 경우는 난감해집니다.

업무 요청을 하는 편에서 잘해야 일이 수월해지고 협업이 잘 이루어집니다. 그래서 업무를 요청할 때는 어떤 점에 주의해야 할지 살펴보겠습니다.

먼저 업무 요청은 직접 대화를 통해 설명하는 것이 가장 효과적입니다. 이메일이나 공문으로 요청을 하더라도 구두로 핵심 내용을 재설명하는 것이 좋습니다. 간단한 통화 혹은 시간적인 여유가 되면 일 대 일 대면이 가장 효과적입니다.

이메일을 보낼 때는 다음과 같은 사항을 고려해 보세요. 업무 협조 요청을 할 때는 '○○님 특별 지시' 등과 같이, 상사나 혹은 권력이 있는 누군가의 세력(勢力)을 빌어 위세를 부리는 듯한 표현은 삼가야 합니다.

다음으로 받아 보는 사람 즉, 업무요청을 받는 사람이 궁금할 부분을 생각해 보세요. 예상되는 질문이나 이슈에 대해 미리 준비한 다음 안내하기 바랍니다. 그런 다음 요청하는 결과물의 이미지를 구체적으로 안내해 주세요. 특히, 아웃풋 이미지(결과물)를 예시로 들면 좋습니다. 작업에 필요한 자료를 공유합니다. 기존 자료 등 참조할 자료, 또는 전문가 추천 등 작업에 도움이 될 정보를 최대한 제공합니다.

더불어 구체적인 업무의 범위 및 마감일을 공지합니다. 단 충분히 준비할 수 있도록 배려해야 합니다. 업무 담당으로부터 요청을 받고 작업할 시간이 없을 때는 상황을 공유합니다. 그런 다음 급한 업무를 미리 준비할 수 있도록 안내 후 구체적인 요청을 합니다. 즉, 업무를 요청하는 담당자가 요청 문서를 준비하고 내부 결재를 하느라 시간을 허비하고 정작 중요한 작업자에게 시간을 확보해 주지 않는 것은 가장 좋지 않습니다.

여러 사람이 작업을 해야 한다면 문서 작성을 위한 가이드를 명확히 주세요. 양식을 활용해서 내용만 채우면 될 정도의 수준으로 준비해야 합니다. 그렇지 않고 양식을 전달한 경우에는 취합하는 부서가 다시 편집하는 것이 바람직합니다.

업무는 지시하는 쪽에서 명확하게 이해하고 진행해야 합니다. 협업도 마찬가지입니다. 협업을 요청하는 쪽에서 분명하게 해야 피드백의 수준도 만족할 정도가 될 것이라는 점을 기억하기 바랍니다. 타부서에 업무 협조 요청을 할 때는 다음과 같은 순서에 따라 진행해봅니다.

┃ 협업시 ARCS를 활용한 요청의 4원칙 ┃

A Attention	요청 업무에 대한 관심과 호기심을 불러일으킴 : 일의 맥락과 추진 배경, 중요성을 강조
R Relevance	요청하는 업무의 적임자임을 알림 : 업무 연계성(과거/미래), 전문성을 설명
C Confidence	요청 업무에 대해 지원해 줄 수 있는 사항 언급 : 제약조건을 고려해 현실적으로 가능하도록 조정
S Satisfaction	일을 마쳤을 때 얻을 수 있는 성과를 강조 : 업무 내/외적 보상, 성취감 등

※ 출처: 〈DBR〉

협력하여 작성한 보고서, 발표자만 인정받을 때 대처하는 방법

마케팅 팀장과 기획 팀장은 기획 실장의 지시로 내년도 사업 방향에 대한 보고서를 협업으로 작성해야 합니다. 하지만 결국 보고서는 같이 만들었으나 발표자만 칭찬을 받는 상황이 되어 버렸습니다. 이럴 때 협업에 대한 자신의 성과를 인정받기 위해서는 어떤 노력이 필요할까요?

EPISODE.

내년도 사업 방향을 준비 중인 마케팅 팀장과 기획 팀장은 각자의 영역에 대해 의견을 내고 보고서를 작성하고 있습니다. 보고 일정이 다가오니 기획 실장이 둘을 불러 지시합니다. "이번 사장님 보고 안건이 많아 사업 방향은 1명이 통합 보고를 해야 합니다. 담당자는 기획 팀장이 해주세요."

애초 두 팀은 공동 작업을 하여 분야별로 나눠서 발표하기로 했으나, 갑자기 기획 실장은 기획 팀장이 보고하는 것이 좋겠다고 합니다.

나는 ( ) 팀장이다

사전에 협의도 없이 발표자를 지명하는 것에 대해 이해가 되지 않은 마케팅 팀장은 "보고자에 대해서는 마케팅 실장님과 협의가 된 사항인가요? 우리 실장님도 알고 계세요?"라고 확인합니다.

마케팅 실장보다 선배인 기획 실장은 "그건 내가 마케팅 실장에게 말할게요. 마케팅 팀장은 그렇게 알고 있고 발표 자료나 잘 도와주면 좋겠습니다."

이 상황이 당황스러웠던 마케팅 팀장은 그때부터 일이 손에 잡히지 않고 기획 팀장에게 찾아와 "마케팅 관련 내용은 어느 정도 완성이 되었으니, 이제 발표하실 관점에서 마무리해 주시면 될 것 같습니다."라며 완성된 자료만 전달합니다.

드디어 발표 당일 대표님께 기획 팀장이 발표하였고, 준비를 잘했다고 칭찬을 듣게 되었습니다.

"역시 기획 팀장이 정확히 방향을 정했군요. 마케팅 전략까지 좋아 보입니다. 수고하셨습니다." 대표님의 말씀 이후 마케팅팀의 기여에 대해 아무 말도 없이 기획 팀장과 실장이 가만히 있는 모습에 한 번 더 서운한 감정이 듭니다.

💬 이럴 땐 이렇게 해보세요

 조직 생활을 하면서 상황이 갑자기 변하는 일이 종종 있습니다. 그런 경우 어떤 방식으로 대응해야 협업을 유도할 수 있을까요? 조직 안에서 협업은 결코 한 번으로 끝나지 않습니다. 협업을 유도하려면 좋은 경험(Experience)을 꾸준히 만들어 가야 합니다. 상사의 행동이 좋은 경험과 나쁜 경험을 결정합니다. 그래서 상사의 리더십이 협업의 촉진 요소나 방해 요소로 작용할 때가 있습니다. 의사결정을 할 때 부하 직원의 의사를 사전에 듣거나 적어도 형식을 갖추는 것이 필요합니다. 사람의 마음은 내용보다 절차와 형식에 따라 감정이 상하거나 기분이 좋아질 수 있습니다.

합리적인 근거를 바탕으로 의사결정을 하더라도 상대방에 대한 배려와 존중의 마음으로 미리 협의하고 의견을 충분히 듣는 절차를 갖추는 것은 협업을 위해 중요한 포인트입니다. 기획 실장의 말과 행동이 잘 협업하고 있던 마케팅 팀장의 의욕을 상실하게 했던 것입니다.

물론 이런 상황에서 마케팅 팀장은 즉시 마케팅 실장에게 상황을 공유하고, 발표는 기획팀이 하기로 한 것을 잘 보고해야 합니다. 잘못 보고를 하면 두 실장 사이에 갈등이나 오해만 남기는 상황으로 전개될 수 있기 때문입니다.

발표자가 기획 팀장이 되었다고 하더라도 마케팅 관련 분야의 내용에 대해 마케팅 팀에 책임이 있고, 마케팅팀에서 질문에 답을 해야 하므로 발표하지 않더라도 끝까지 책임지는 모습을 보여야 합니다.

협업을 끌어내며 도움을 받느냐 그렇지 않으냐는 평소 나의 행동의 결과물이라고 할 수 있습니다. 협업의 기초는 각자의 역할에 온 힘을 다하고 각자의 일에 완결성을 갖는 것부터 시작합니다.

그렇다면 협업의 성과를 효과적으로 끌어내기 위해서는 어떤 행동이 필요할까요? 이를 위해서는 리더의 일방적인 지시보다는 개개인의 협업 마인드가 중요하고 구체적인 행동이 더 중요합니다. 자신의 협업 수준을 진단해보고, 각 문항에 따라 구체적인 행동으로 실천해 보기 바랍니다.

| 나의 협업 수준에 대한 자기진단 |

문항	점수(1-5)
'내가 항상 옳다'는 생각을 버리고 상대방의 입장을 존중하고 고려합니다.	
모든 일은 협업할 때 더 큰 성과를 낼 수 있다는 신념을 갖고 있습니다.	
여러 사람의 다양한 의견을 확인하고 의사결정을 합니다.	
다른 부서에서 요청하는 업무를 적극적으로 지원합니다.	
업무 분장에서 중복되는 업무 영역(Gray Zone)의 업무에 대해 나의 일로 여기고 처리합니다.	
업무 협업 요청을 할 때 그 내용과 마감일을 분명히 합니다.	
업무 협조 요청에 대해 충실히 답변하며 정해진 기간 내에 회신합니다.	
타부서와 협업해서 활동하는 과제 수행에 적극적으로 참여합니다.	
협업을 위해 필요한 본인의 정보나 지식을 먼저 공유합니다.	
다른 사람의 의견을 끝까지 경청합니다.	
다른 사람의 의견에 공감하고 대안이 없는 비판을 하지 않습니다.	
협업 및 성과를 향상할 수 있는 적절한 질문을 합니다.	
오해와 갈등은 즉시 해결하도록 먼저 노력합니다.	
내가 가진 정보가 있어야 하는 부서에 적극적으로 이를 제공합니다.	

협업지수평가 척도

4.5 이상: 매우 높음

3.8~4.5 미만: 높음

3.0 ~ 3.8 미만: 보통

2.5 ~ 3.0 미만: 낮음

2.5 미만: 매우 낮음

협업 지수 평가 방법

- 총 15개 항목으로 구성되어 있습니다.

- 항목별 5점 척도로 평가합니다.

- 전체 평균을 통해 5점 만점으로 종합점수를 부여합니다.

- 개별 항목별로 점수가 낮은 항목의 개선을 위한 활동을 전개합니다.

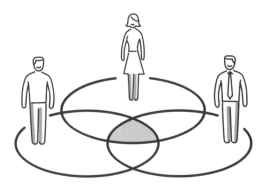

나는 (   ) 팀장이다

팀 내 파트 간 이기주의를
극복하는 법

자신의 파트의 성과에만 관심이 있고 다른 파트에는 전혀 관심이 없습니다. 팀 내 파트 간 협업해서 일해야 하는 경우인데도 굳이 정보를 공유하려고 하지 않는 상황입니다. 이러한 사일로(Silo) 현상이 일어나고 있을 때 과연 팀장은 어떻게 대처해야 파트 간 시너지를 낼 수 있을까요?

EPISODE.

팀 내 3개 파트가 있습니다. 비슷한 업무인 듯해도 각기 다른 일을 합니다. 팀의 비전과 미션도 정하여 공유되었고, 큰 성과를 내기 위한 근본은 팀원들 간의 신뢰, 공감, 결속임을 인지는 하고 있으나 파트 내 팀원들 간의 화합은 어느 정도 있고 팀 전체의 화합은 부족합니다. 그간 화합을 위한 여러 노력이 있었으나 만족스럽지는 않습니다.

파트별로 여러 가지 미션을 주면 실제 팀장 앞에서는 좋다고 하면서 뒤에 가서는 결국 파트별로 따로 행동하는 경우가 많습니다. 지난

주에 그런 사건이 있었습니다.

　1 파트장에게 업무 지시를 하면서 다른 2개의 파트장과 함께 협의해서 일을 추진하라고 지시했는데, 나중에 보고할 때 보니 다른 파트장에게는 일의 미션에 대해서 대충 말만 전하고 본인이 의사결정한 내용을 보고하는 것입니다. 다른 파트장을 불러 같이 협의한 내용이냐고 물었더니 그런 일이 없다고 하는 상황입니다.

　"그런데 왜 팀장인 제가 지시하는 대로 하지 않고 맘대로 판단하고 진행하셨는지요?"

　"팀장님, 제가 선임 파트장인데 저한테 그 정도의 권한은 있는 것으로 생각했습니다. 제가 모든 것을 다른 파트장하고 공유할 필요가 있나요? 제 선에서 충분히 할 수 있는 것으로 생각했습니다."

　"1 파트장님, 조직에서는 팀워크를 발휘해야 할 때가 있습니다. 혼자 처리할 수 있는 것이라도 내용을 공유하고 다른 파트와 협업할 것이 있는지를 확인하는 것은 중요합니다. 더군다나 제가 구체적으로 지시까지 했는데 그것을 지키지 않은 거잖아요. 저는 팀워크 관점에서 그 부분이 제일 불편하네요."

　"죄송합니다. 다음부터는 말씀하신 대로 하겠습니다."

　나중에 다른 2명의 파트장에게 확인한 결과, 1 파트장이 팀장을 비롯하여 자신들을 불편해한다는 말을 들었습니다. 자신의 파트원들에게는 화합도 잘하고 리더십도 잘 발휘하는데 다른 파트의 파트장뿐만 아니라 파트원들에게도 전혀 관심이 없다고 합니다.

　　　　　　　　　　　　　　　　　　나는 (　) 팀장이다

다음은 앞서 살펴본 사례에 대한 해결 방안입니다. 1 파트장을 따로 불러 일 대 일로 대화합니다. 면담을 할 때에는 파트장의 자존감에 상처를 주지 않도록 배려합니다.

먼저 파트장이 혼자 할 수 있는 일이라고 해서 협의해서 하지 않는 것은 팀워크에 문제가 있는 것이라고 이야기해 주고 전체 회의를 통해 파트의 평가 항목에 대해서 재조정할 것임을 공지합니다.

다음으로 전체 회의에서 파트별 성과도 중요하지만 각 파트별로 서로 협업한 것에 대한 지표를 KPI에 포함시켜 성과평가를 시작한다고 공유합니다.

셋째, 월례 회의 때 파트 간 협업에 대해 구체적인 사례를 공유합니다. 좋은 사례가 있으면 인센티브를 주고 협업의 사례가 없는 파트에게는 앞으로 잘 협업할 수 있도록 독려와 함께 동기부여를 합니다.

넷째, 개인의 성과나 파트의 성과만이 중요한 것이 아님을 공유합니다. 파트간의 협업을 통해 팀워크를 다지고 더 큰 성과를 낼 수 있는 시스템을 만들어 갈 수 있도록 지속해서 파트장 및 파트원들에게 피드백과 함께 동기부여를 합니다.

상사가 지시한 내용을 무시하고 자신이 생각한 대로 결정해버리는 팀원에게는 구체적이고 명확한 피드백이 필요합니다. 단순히 상사에 대한 도전이라기보다는 자신이 옳다고 생각하는 것에 대한 강한 신념이 있어서 그런 행동을 하기 때문입니다. 따라서 그런 상황을 사소한 일로 여기고 넘어가면 나중에 중요한 의사결정이 있을 때는 큰 위험(리스크)으로 다가올 수 있습니다.

이는 자신의 파트의 성과에만 관심이 있고 다른 파트에는 전혀 관심이 없으며 협업해서 일해야 하는 상황에서도 굳이 정보를 공유하려고 하지 않는 경우입니다. 이를 사일로(Silo) 현상이라고 합니다. 다시 말해, 자기 파트의 입장만을 고집하는 부서 이기주의를 말합니다.

사일로는 곡식 및 사료를 저장해 두는 굴뚝 모양의 원통형 창고를 일컫는데, 사일로 모양처럼 서로 성이나 담을 쌓고 다른 부서와 협력하고 소통하기를 꺼리는 대신 자신의 파트의 이익만을 추구하는 상황과 비슷합니다. 이러한 사일로 현상이 심해지면 사내의 소통이 끼리끼리 이루어지며, 부서 간의 협력은 여러 이유와 핑계들로 어려움에 빠질 수가 있습니다.

파트장은 자신의 파트는 모든 일을 스스로 할 수 있는 독자적인 능력이 있어서 다른 파트와 굳이 협력하지 않아도 성과를 낼 수 있다는 생각을 할 수도 있습니다. 그러나 이러한 사일로 현상은 심각하게 조직의 협업을 방해하게 되고, 결국 전체 팀에 악영향을 미칠 수 있습니다.

이런 경우가 생기면 리더에 대한 신뢰와 권위가 무너지고 다른 팀원들에게도 나쁜 영향으로 전염될 수 있으며, 팀워크에 큰 결함이 생깁니다. 단순한 한 번의 실수라고 치부하지 않고 지시한 사항에 대해서 명확히 실행하고 만약 상황적으로 그렇게 할 수가 없었다면 반드시 피드백을 주고 다른 내용으로 지시를 받을 수 있도록 해야 합니다.

따라서 파트장을 평가할 때 파트 간의 협업한 내용도 평가항목에 넣습니다. 그러면 어느 정도 사일로 현상을 막을 수 있습니다. 구체적으로 파트장을 평가할 때 다른 파트와 연간 몇 건, 몇 %의 협업을 같이했는지 구체적인 협업에 대한 지수를 넣는 것이 좋습니다. 아니면 협업을 한 사례를 보고하면 평가 점수에 인센티브를 주는 것도 좋은 방법입니다.

내부 규정은 효율성과 상충하는 일이 종종 있습니다.

비효율적인 줄 알 지만 지키도록 하는 규정도 있을 수 있습니다.

예를 들어 안전 수칙에 대해서는 불편하지만

무조건 지키도록 하는 것입니다. 문서 보안도 정보 보호의 목적과 영업의

관점에서 상충할 때가 있습니다. 이 경우 프로세스를

수정하거나 예외 조항을 구체적으로 정리하여 내부 운영 효율과

사업에 도움이 되도록 개정해야 합니다.

제도를 만들어 두고 운영할 때 불합리한 사항을

사용자가 계속 제기하지 않으면 제도는 문제가 없는 것으로

인식되기 일쑤입니다. 다만 자신이 편하기 위한 제안이 아니라 회사에

도움이 되려는 방안을 찾아 지속해서 개선을 요청합니다.

불합리하고 비효율적인 것을 알면서 말하지 않는 것은

회사의 성장에 방해만 될 뿐이니까요.

N I N E

T E A M

L E A D E R S H I P

PART 6

나는 (권한을 위임하는) 팀장이다

MZ세대를 핵인싸로 만드는
권한 위임 방법

밀레니얼 세대와 Z 세대는 A 팀장에게 하나의 장벽과 같이 느껴집니다. 팀워크를 다져

나가야 하는 팀장의 입장에서 그들은 마치 외계에서 온 인종처럼 도대체 이해하기가 힘

들기 때문입니다. 팀장 본인이 업무의 일부를 지원해도, 혹은 권한의 일부를 양도해도

늘 부하 직원들에게 좋은 평가를 받지 못하고 있기도 합니다. 그렇다면 그들에게 효과

적인 권한 위임을 하기 위해서는 어떻게 해야 할까요?

EPISODE.

올해로 ○○○주식회사는 설립된 지 37년이 되었습니다. 지금처럼
변화무쌍한 시대에 꽤 오랜 역사를 가졌고, 그만큼 조직의 규모도 크
고 부서도 다양하며 팀원 수도 많습니다. 하지만 긴 역사만큼이나 꽤
관료적인 조직문화를 갖고 있으며, 일부 부서에서는 상명하복의 군
대식 문화까지 남아 있습니다.

한동안 매출 부진으로 신규 채용을 하지 못하고 있다가, 몇 년 전

부터 신규 채용을 다시 시작했습니다. 그러자 흔히들 말하는 밀레니얼 세대가 신입 팀원으로 입사하여 사원 계층의 다수를 차지하게 되었습니다.

하지만 문화 차이가 큰 그들을 이끌어가야 하는 A 팀장은 혼란스럽기만 합니다. 자신이 그동안 함께 해온 윗세대와는 전혀 다른 가치관을 따르고 있으며, 소위 자신도 신세대라는 생각으로 살아온 것과는 매우 다른 그들에 대해 이해할 수 없는 부분이 너무 많았기 때문입니다.

그래서 얼마 전에는 꽤 많은 금액을 내고 '밀레니얼 세대에 대한 동기부여 리더십'이라는 주제의 교육까지 받았습니다. 하지만 이후 오히려 더 이해하기 힘든 면들이 발견되어 감을 잡지 못하고 있습니다. 교육 내용의 핵심은 이러했습니다.

"밀레니얼 세대인 팀원들은 시키는 일보다는 스스로 찾아서 하는 일에 더욱 몰입한다. 그들은 인정받고 싶어 하는 욕구도 강하기 때문에 일을 위임받아 공을 세우고 싶어 한다."

하지만 A 팀장이 그들과 일을 같이 해보니 꼭 그렇지만은 않은 것 같았기 때문입니다. A 팀장은 여러 가지 상황을 겪었습니다. 어떤 팀원에게는 교육 과정에서 배운 그대로 지시한 것 이외에, 일의 성과를 더 높일 수 있는 부분을 스스로 찾아서 해보도록 독려해 보기도 했고, 자기 주도적으로 일하도록 지원도 해보았습니다.

하지만 팀원들은 팀장의 이러한 노력이 무색하게 '팀장 자신도 일의 내용을 잘 모르니 명확한 업무 지시를 하지 못한다'고 평가했습니다. 일의 맥락이나 배경에 대해 설명도 해주지 않았고 업무의 범위와 기한에 대한 구체적 지시도 없었기 때문에 너무 힘들었다는 것이었습니다.

그래서 그 이후부터는 팀원들의 의견이나 피드백을 받아 일을 구체적으로 지시하였습니다. 다시 말해 '그 일을 왜 해야 하는지에 대한 배경과 의도, 일의 구체적 범위, 기한, 달성 수준, 조직과 팀장의 기대 사항' 등을 일일이 메모하여 전달하였고, 정확히 이해하고 있는지도 수시로 점검하였습니다.

그 결과는 또 이러했습니다. '팀장이 부하 직원들을 믿지 못하고, 옴짝달싹 못 하게 한다. 팀장이 거시적인 시각이 부족하고 팀원들을 감시하고 감독하려 든다. 팀장이라면 팀원들 스스로 성장할 수 있게 여러 기회를 제공해야 하는데, 팀원 육성과 성장에는 관심을 두지 않고 단기 성과에만 집중한다.'

과연 이런 상황에서 A 팀장은 어떤 리더십을 발휘해야 할까요? 밀레니얼 세대라고 하지만 모두에게 그 세대의 특성이 적용되는 것은 아닌 것도 같고, 팀장의 리더십에는 일관성과 지속성이 있어야 한다고도 배웠는데, 모든 팀원에게 이렇게 일관된 리더십을 적용하려다 보니, 여러 가지 전혀 다른 피드백을 받아 혼란스럽습니다.

💬 이럴 땐 이렇게 해보세요

A 팀장으로서는 정말 혼란스러울 것입니다. 이런 때는 '상황 대응 리더십 이론'을 적용해보았으면 합니다. 팀장의 위치에서는 내

나는 ( ) 팀장이다

게 맞고 편한 나만의 고정된 리더십을 고집하여서는 안 되기 때문입니다.

우선 부하 직원의 성숙도(M: Maturity)를 파악하여 봅니다. 그런 다음 그에 따라 리더십 스타일을 다양하게 적용하는 것이 좋습니다. 즉, 리더가 상황에 맞는 리더십을 발휘하기 위해 팀원들의 성숙도 수준, 동기 수준, 역량 보유 정도, 개인적 니즈 등을 사전에 정확히 파악하고 있어야 합니다. 이럴 때 유용한 분석 방법이 바로 '허시와 블랜차드(Hersey-Blanchard)의 성숙도 이론'입니다. 그럼 지금부터 좀 더 자세히 살펴보겠습니다.

| 허시와 블랜차드의 성숙도 이론 |

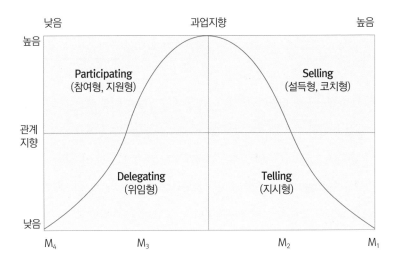

M1(Maturity 1): 부하 직원의 성숙도가 가장 낮은 수준입니다. 이런 경우에는 '지시형 리더십'이 필요합니다. 쉽게 말해 물고기를 잡는 방법을 알려줄 것이 아니라, 물고기를 갖다 주어야 합니다. 일의 목표와 범위, 기한, 달성 수준까지 모든 것들을 명확히 지시하고 확인해야 합니다.

이런 유형의 부하 직원이라면 특정한 단계에 해당하는 일 처리 방법만 알려주어서는 안 됩니다. 그다음 단계, 또 다음 단계에 이르기까지 하나부터 열까지 일일이 세부적으로 다 알려주어야 실수를 하지도 않고, 일을 엉뚱하게 처리해 놓지도 않습니다.

M2(Maturity 2): 부하 직원의 성숙도가 조금 높은 수준입니다. 이런 경우에는 코치형 리더십이 필요합니다. 다시 말해 물고기를 잡는 방법을 조금씩 알려줍니다. 말 그대로 어느 정도의 역량이 되는 상황이므로 이를 더 발휘하게하려고 운동선수를 지도하는 감독, 코치와 같은 역할을 수행합니다. 일하는 방법을 단계별로 알려주고, 그 수행 과정을 모니터링하면서 그다음 단계의 일하는 방법을 알려줄지 말지는 판단합니다. 특히나 M2 수준의 팀원은 의욕은 높지만, 그에 비례해 성과가 정교하게 창출되지 않는 만큼 이에 대한 리더의 관찰이 더욱 필요합니다.

M3(Maturity 3): 팀원의 성숙도가 높은 수준입니다. 이럴 때는 바로 지원형 리더십을 발휘해야 합니다. 다시 말해 '물고기 잡는 방법을 대부분 알려주는 것'입니다. 그리고 큰 틀의 범위 안에서 일하는 가이드라인을 알려주고, 그 가이드라인대로 하는지 안하는지를 확인합니다. 부족한 부분이 있다고 팀원이 요청하면, 그에 따른 지원을 해줍니다. 이 단계에서부터 팀장은 부하 직원인 팀원이 창출하는 성과를 통해 평가를 받은 리더가 됩니다. 리더는 직접 성과를 창출해내는 사람이 아니라 부하 직원의 성과 창출을 지원해주는 존재입니다.

M4(Maturity 4): 팀원의 성숙도가 매우 높은 수준입니다. 이럴 때는 위임형 리더십을 발휘합니다. 바로 '물고기를 잡는 법을 완전히 알려주는 것'입니다. 굳이 길고 장황하게 설명하면서 업무 지시를 내리지 않아도 됩니다. 먼저 시

범을 보이거나 간단히 설명하고 권한을 위임하면 팀원들은 알아서 스스로 일을 잘 처리하게 됩니다.

모든 사람이 가장 이상적인 리더십 상태라고 이야기하는 단계는 권한 위임, 임파워먼트의 단계입니다. 부하 직원의 성숙도가 가장 높은 상태이며, 부하 직원에 대한 리더의 전폭적인 신임도 전제되어야 합니다. 물론, 그동안 여러 과업 수행을 통해 리더 − 부하 직원 간 신뢰관계가 사전에 구축되어 있어야 합니다.

즉, 부하 직원의 성숙도가 M1으로 가장 낮다면 팀장의 솔선수범을 보면서도 '내가 대신하거나 어떻게 해야겠다'는 생각을 아예 하지 못합니다. 그래서 이럴 때는 팀원에게 일해야 하는 상황을 구체적으로 설명해야 합니다. 솔선수범만 보여서도 안 되고 간단하게 설명해 주고 맡겨서도 안 됩니다. 성숙도가 낮은 팀원은 시키는 일 외에는 자발적으로 일을 하지 못하기 때문입니다. 물론, 팀 내 이런 성향의 팀원들만 있는 것은 아닐 것입니다. 하지만 여러 팀원들 중 일부는 이런 성향이 있을 수도 있으니 참고하시기 바랍니다.

반면에, 성숙도가 높은 부하 직원도 있습니다. 이런 이들에게는 솔선수범을 보여주면 됩니다. 팀장이 일을 직접 하는 모습만 보여도, 팀원들은 팀장의 상황을 파악하고 돕거나 대신하려 할 것입니다. 그런 다음 권한위임이 필요합니다. 해야 할 일에 대해 간단하게 설명하고 위임해주면, 그다음부터는 스스로 창의적으로 답을 찾아 일을 완수할 것입니다.

하지만 주의할 점이 있습니다. 부하 직원의 기대를 능가 또는 미달하는 팀장의 권한 위임 행동은 오히려 부하 직원에게 방임적 팀장으로 부정적으로 평가될 수도 있습니다. 즉, '권한 위임에 대한 부하 직원의 기대보다 팀장의 권한 위임 행동의 폭이 큰 경우', 부하 직원은 팀장이 자신이 해야 할 일을 자신한테 떠넘긴다고 여길 수도 있습니다. 반면에, '팀장의 권한 위임의 폭이 적은 경우', 부하 직원은 팀장이 내 업무 역량 개발에 관심이 없어서 적절한 권한 위임을 하지 않는다고 생각합니다. 두 경우 모두 부하 직원은 팀장이 책임을 다하지 않고 있다고 평가하는 것입니다.

이처럼 이러한 분석 툴을 적용할 때에도 주의할 점들이 있습니다. 하지만 젊은 세대라는 시각으로만 팀원들을 바라보는 것이 아니라 개개인의 역량이 다르면서도, 성장 가능성이 있는 인재로 대할 때 팀장의 리더십도 한층 성숙할 것입니다.

성과를 내는 팀장의 역할과
팀원들과 업무를 나누는 방법

"팀장님! 지난번에 보고서 일부를 작성해 주셨었지요? 이번에도 팀장님께서 좀 진행해 주셨으면 좋겠습니다."

1년 전 팀원들이 진행해야 하는 보고서 작성을 팀원들이 힘들어하는 것 같아 팀장이 그 작업의 일부를 해준 적이 있습니다. 하지만 1년이 지나 또 보고서를 작성해야 할 시기가 오자 팀원들은 당연하다는 듯이 팀장에게 지원을 요청합니다. 이렇듯 팀장으로서 장·단기적인 팀 성과를 위해 과연 실무 지원은 어디까지 해야 할까요?

EPISODE.

㈜○○○는 100명이 채 안 되는 사원이 근무합니다. 최근 몇 년간 신입사원 채용을 하지 않았고 그러다 보니 관리자 비중이 높아지고 있습니다. 결국 직접 일하는 실무자는 줄고 관리자만 늘어 실무자들 간에서 리더 층(팀장 이상)에 대한 불만이 커지고 있습니다.

어느 날 박 팀장은 팀원들에게 작성을 의뢰한 '외부 회계감사 보고서'의 진행 정도를 확인합니다. 마감일이 얼마 남지 않은 상황에서 담당 팀원을 불렀습니다.

"지금 회계감사 보고서는 진행이 어떻게 되어가고 있지? 이제 마무리할 때가 되었는데…."라며 일의 진도를 확인하였습니다. 그러자 팀원은 잠시 머뭇거리더니 말을 꺼냅니다.

"팀장님! 보고서는 거의 다 작성하였는데요, 작년에 팀장님께서 해주신 그 부분은 여전히 잘 모르겠습니다. 이번에도 부탁을 좀 드리겠습니다. 그 부분만 남아 있습니다."

"뭐라고? 작년에 내가 작성했던 부분이라고? 그게 아직 공란이라고?"

"네, 작년에 바쁠 때, 저희 도와주신다고 일을 좀 거들어주셨는데, 막상 해보려고 하니, 좀 낯설더라고요. 그리고 다른 할 일도 많아서요. 팀장님이 좀 도와주시면 저희는 그 사이에 다른 파트를 확실하게 마무리하겠습니다."

'흠, 올해도 또 해달라고? 팀원들 모두가 그렇게 생각하나? 참, 어이가 없네. 나를 완전히 노는 사람이라고 생각하는 건가. 보고서 작성이야 내용을 제일 잘 아는 자신들이 해야지 … 어쩌다 이런 상황이 되어버렸지? 선의로 한 번 도왔던 것인데, 이젠 완전히 내 일이 되어버렸네.'

나는 (   ) 팀장이다

팀장은 혼자 일하는 사람도, 홀로 성과를 내는 사람도 아닙니다. 팀장은 다른 사람에 대한 영향력 행사를 통해, 자신과 그들이 속한 조직이 최대한의 성과를 내도록 하는 리더의 역할을 해야 합니다. 하지만, 많은 리더가 이러한 사람 관리, 성과관리를 어떻게 해야 하는지 잘 모르는 상태에서 팀장이 됩니다.

따라서 당연하게도 '뭘 해야 하는지 잘 모르는 팀장'은 편하기만 한 상황이 아닙니다. 하지만 '실무를 하지 않는다'라는 사실 때문에 때로는 여러 오해를 받기도 합니다. 심지어 팀장을 '하는 일 없이 빈둥거리고 웹서핑이나 하며 형식적 결재만 하고, 밥이나 먹으러 가자고 조르는' 그런 이미지로 인식하는 팀원들이 있을지도 모릅니다.

앞서 살펴본 사례와 같은 상황에서, 팀장은 팀원들의 눈총에 못 이겨 팀원들의 일을 일부라도 거들지, 아니면 구성원인 팀원들 관리라는 팀장 본연의 역할에 집중할 것인지를 결정해야 합니다. 이런 상황을 2가지 부류로 나누어 살펴보겠습니다.

상황 1. '그렇다고, 내가 팀원들 일을 직접 할 수는 없잖아. 또 내가 어떻게 팀장이 되었는데, 팀장이 되면 좀 나아지고 편한 것도 있어야지. 직접 워딩하며 보고서 작성은 안 해도 되니 편하긴 하네. 역시 팀장이 되길 잘했어.'

팀원들이 다들 일하느라 고생하는 것 같아 처음에는 눈치도 보이고 미안함도 느끼지만, 이 역시도 반복이 되면 관성이 생기고 무뎌집니다. 그렇게 팀장인 나도 '어쩔 수 없는 일'이라 여기면서, 팀원들의 일을 돕지도 않고 팀장의 역할도 제대로 수행하지 못하는, 다시 말해 '리더십 부재'의 팀장이 되어버립니다.

상황 2. 반대로, '팀장이 되니, 시간적인 여유가 좀 생기네. 팀원들에게 눈치도 보이고 미안하기도 하니, 팀원들의 일 일부를 내가 직접 해야지.'

이는 상황 1보다는 조금 나아 보입니다. 하지만 이 또한 팀장이 팀장으로서 해야 할 일을 제대로 못 하게 되는 결과를 초래합니다. 어쩌다 한 번 팀원들의 일을 대신하게 되면, 팀장은 고생하는 팀원들의 일을 도와준다고 생각할 수 있겠지만 팀원들의 생각은 아주 다릅니다. 바로 이제 '이 일은 내가 하는 것이 아니고, 팀장이 하는 것이다.'라고 여기는 것이지요. 그렇게 되어버리면 정말 앞으로도 계속 팀장이 이 일을 하게 될지도 모릅니다.

결과적으로 팀원들은 '팀장이 어쩌다 일을 도와주어서 고맙다.'라는 생각은 안 하고, 계속 그 일은 팀장이 할 일로 여기게 될 수 있으며 자신들이 직접 하려 하지 않게 됩니다. 여기에 더해, 팀장은 시간적인 여유가 많다고 여기게 되어 다른 일까지도 더 해 달라고 요청할 수도 있습니다. 결국, 이런 상황이 반복되다 보면 팀장은 여전히 팀원 수준의 일을 많이 하게 됩니다. 팀원들의 일을 지원한답시고 정작 팀장으로서 해야 할 중요한 일은 무엇인지도 모른 채 하지 못하게 되어버립니다. 그래서 요즘 팀장들은 '승진해도 팀장과 팀원의 중간 수준'이라느니 하는 자조 섞인 말들을 하기도 합니다.

하지만 어쩌면 이 모든 상황은 모두 다 팀장이 자초한 일입니다. 이렇게 되지 않으려면, 팀장이 되기 전부터 팀장으로서의 명확한 자기 역할을 확립해 놓아야 합니다. '누군가 교육해 주겠지?' 혹은 '누군가 알려주겠지?' 하는 소극적인 생각에서 벗어나, 팀장의 역할과 책임을 스스로 깨닫고자 노력하고 찾아내어 자신의 스타일에 맞게 정립시켜야 놓아야 합니다. 그래야 팀원들에게도 "나는 이러한 역할을 하는 사람이고, 이렇게 할 것입니다. 그리고 당신들은 이러한 일들을 해야 합니다."와 같이 말하는 것이 가능해집니다.

위와 같은 상황이 벌어지지 않으려면 '팀장(리더)–팀원(부하 직원)은 각각 무슨 일을 하는 사람인지에 대한 선언과 합의'가 필요합니다.

따라서 '팀장이 되면, 버릴 것, 유지할 것, 새롭게 갖추어야 할 것'들에 대한 리스트를 작성(List-Up)해 볼 필요가 있습니다. 그리고 유지하고 추가할 것

| 프리맨(Freeman,2011) |

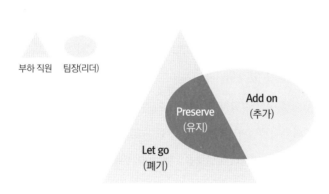

중심으로 자신의 역량을 가장 빨리 개발해야 합니다.

그렇다면 팀장은 팀원일 때와는 다르게 어떤 역할이 필요할까요? 크게 4가지 역할을 수행해야 합니다.

첫째, 자기 관리에 대한 역할이 있습니다. 이는 팀원일 때의 역할과 크게 다르지는 않습니다. 끊임없는 자기 계발로 문제 해결력, 전문성, 혁신성 등을 갖추어야 합니다. 모든 경우에 있어 그럴 수는 없겠지만, 팀장의 업무에 대한 경험과 전문성은 팀원 대부분보다 우월해야 합니다. 팀장은 팀원에 대해 가르치는 일, 즉 OJT와 코칭 업무도 수행해야 하기 때문입니다.

둘째, 일 관리에 대한 역할이 있습니다. 팀원일 때와는 또 다르게 성과 달성에 더 집중해야 합니다. 도전적 목표를 설정하고 그 결과에 대한 책임을 져야 합니다. 팀장 역시 일하는 사람입니다. 팀장은 일 관리를 통해 더욱 안정적으로 완벽하게 목표를 달성하고 성과를 창출해야 합니다. 자신의 팀이 일에 있어 탁월함을 발휘하게 해야 합니다.

셋째, 사람 관리에 대한 역할이 있습니다. 부하 직원 육성을 위해 의사소통, 동기부여, 관계 형성 능력과 협업·팀워크 능력도 개발해야 합니다. 조직의 리더가 팀원의 성장에 얼마나 관심을 두고 있는가에 따라, 자기 관리와 일관리 외에 사람 관리까지 가능해져야 평범한 관리자가 아니라 뛰어나고 훌륭한 리더로서 평가받을 수 있게 됩니다.

넷째, 조직 관리에 대한 역할이 있습니다. 조직의 미션과 비전, 전략을 늘염두에 두고, 변화를 선도하며 내부와 외부 간의 연결자 역할을 해야 합니다. 여기서부터는 경영자적 리더의 역할을 준비하고 수행해야 하는 단계입니다. 단위 조직 관리를 넘어 팀 간, 본부 간, 나아가 회사 밖에 이르기까지 리더십을 발휘할 준비를 사전에 미리미리 합니다.

리더는 다른 사람(부하 직원)에 대한 영향력 행사, 동기부여를 통해 그 다른 사람이 성과를 창출하게 하고, 그 다른 사람이 낸 성과로써 자신의 성과를 평가받게 됩니다. 직접 성과를 내기 위해 솔선수범하는 일보다는 부하 직원의 성과를 관리하고, 창출하게 하는 역할이 중요합니다. 그러기 위해서는, 자기 관리를 넘어서 일 관리, 사람 관리, 조직 관리의 역할을 새롭게 배워야 합니다.

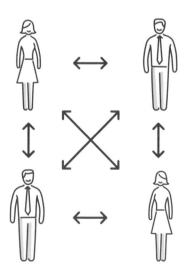

진상 고객을 서툴게 대하는
팀원에 대한 성장지원 방법

간단한 민원처리였지만 부하 직원의 완고한 태도로 문제해결이 되지 않고 있는 한 은행의 지점이 있습니다. 고객의 억지도 문제이지만 팀원의 응대 태도도 문제점이 있습니다. 하지만 다른 팀원들도 팀원의 입장을 옹호하며 이 일로 동요하고 있습니다. 이럴 때 팀장은 어떤 태도로 부하 직원을 대하는 게 좋을까요?

EPISODE.

"고객님! 저희는 정말 잘못이 없어요. 다시 저희 쪽으로 입금을 해주서야 합니다."

"아니, 제가 못 하겠다면요?"

"그럼, 법적 처리를 취할 수밖에요. 내용증명을 보내드릴 수밖에 없습니다. 원래 고객님 돈도 아니지 않습니까?"

"그래요? 그럼, 보내세요. 그다음에는요?"

"저희랑 더 거래를 안 하실 거 아니죠?"

나는 ( ) 팀장이다

"지금 저를 협박하시는 거예요?"

"협박이라니요? 그냥 상황을 말씀드리는 거예요."

"내용증명에, 협박에, 저도 가만있지 않을 거예요. 금융당국에 민원을 내겠습니다."

이러한 통화 내용을 옆에서 듣던 동료 팀원들은 이구동성으로 "누구야? 누구? 정말 진상이네. 하루도 아니고 며칠씩이나. 내용증명 보내! 법대로 해! 도대체 뭐야? 뭘 어떻게 해달라는 거야? 정말 황당하네. 자기 돈도 아니면서 그냥 보내주면 되지."하는 상황입니다.

팀장이 문제의 상황과 팀원의 대응 내용을 확인해 보니, 팀원이 규정의 내용을 잘못 이해한 것은 아니었습니다. 하지만 고객 응대 방법에 문제가 있었습니다. 팀원 자신의 잘못이 먼저이기에 가장 먼저 '고객님은 잘못이 없고, 저희 쪽에서 잘못한 것이고, 그런데도 번거롭게 해드린다.'라고 양해를 구하고 죄송하다고 해야 했습니다. 그런 다음, 입금해 드린 돈을 돌려주실 것을 아주 정중하게 요청했어야 하는데 그런 조치를 취하지 않았던 것입니다.

오히려 그 반대로, '당신 돈이 아닌데, 입금되었고 빨리 돌려주지 않으면 당신이 곤란해질 것이다.'라는 뉘앙스로 고객에게 전화 메시지가 전달되었습니다.

그러자 고객은 처음부터 불쾌해져서, 과연 은행에서 어떻게 나오는지 어깃장을 놓으면서 오기를 한 번 부려본 것입니다. 즉, 팀원의 첫 대응이라는 첫 단추가 잘못 끼워지면서 상황은 본질을 떠나 팀원 대 고객, 민원인과의 오기 싸움으로 전개된 것입니다. 그렇게 일을 잘못 처리하고 있지만, 해당 팀원은 여전히 자신의 태도를 바꾸지 않고 고객과 다툼을 계속할 생각입니다. 이 팀원이 옳은 것처럼 얘기하는 동료 팀원들도 그가 물러나지 못하게 만드는 요인 중 하나입니다.

이제 팀장은 자신이 개입해야 하는 시기와 방법을 선택해야 합니다. 그 시기와 방법에 따라, 한 편으로는 방임이 될 수도 있고, 또 한 편으로는 권한 위임이 될 수도 있는 것입니다. 물론, 팀장도 일단 개입하기 시작하면 그때부터는 팀장의 일이 되니 귀찮아지는 것도 사실입니다.

그러지 않아도 힘든 일들은 많이 있을 것입니다. 하지만 이렇게 개입해야 할 타이밍에 개입하지 않고 모른 척 회피해 버리면, 팀원들로부터 불만을 살 수도 있습니다.

"도대체 팀장님은 누구 편이야?" 또는 "왜 어려울 때 우리 편을 안 들어주지?"하고 항의를 받을 수도 있습니다. 그러므로 어느 시점부터는 팀장이 개입해야 합니다. 하지만, 팀원의 기도 살려주고, 일 처리 능력도 길러 주기 위해 그 개입의 시점을 늦출 수만 있다면 늦추는 것도 한 방법입니다. 해당 팀원이 잠재력을 발휘해 스스로 일을 해결할 수 있도록 좀 더 많은 시간을 주면서 기다려주는 것도 좋은 방법입니다.

따라서 다음과 같이 단계별로 행동(Action)을 해보기 바랍니다.

첫째, 팀장이 팀원의 일 처리에 대해 관찰한 사실에 대해 다음과 같이 구체적으로 말합니다. "일의 진행 경과에 대해 잠시만 이야기를 나눌 수 있을까요?", "지금 하는 일의 진행 경과와 그것이 미치는 현재까지의 영향에 관해 이야기해주기 바랍니다."

둘째, 팀원 스스로 자신의 행동을 되돌아보고, 성찰하고 느낄 수 있도록 일정 기간 기다려줍니다. 짧더라도 이러한 기다림의 시간 없이, 팀장의 요구/지시사항을 전달할 경우, 팀원의 일 처리 능력은 정체될 것입니다. 더불어 성장은 멈추고 말 것입니다. 팀장은 민원 처리에 문제가 없는 선에서 잠시 참고 기다려줘야 합니다.

셋째, 팀원이 평소 수행하는 업무의 목표를 재확인시킵니다. 당연히 이 목표에는 고객 만족도 포함되어 있을 것입니다. "지금 하는 일의 목표는 무엇인가요?", "지금 하는 일에서 가장 중요한 것은 무엇인가요?"와 같이 질문해봅니다.

넷째, 해당 문제의 구체적인 해결책에 대해 팀원의 의견을 구합니다. 팀원 스스로 문제의 해결에 대해 고민하고 해결책을 도출해낼 때, 팀원은 또 한 단계 성장하는 것입니다. "지금 진도율은 어떻게 되나요?", "그것과 관련한 어려운 점은 무엇입니까?", "이 목표 달성을 위해서 그동안 어떤 시도를 했나요?"와 같이 묻습니다.

다섯째, 조직과 팀장의 팀원에 대한 앞으로의 기대를 명확히 하고, 그에 대한 동의와 약속, 다짐을 다시 받습니다. "당신이 설명한 대안을 잘 실행할 수 있겠습니까?", "내가 무엇을 도와줘야 성공 확률이 높아질까요?", "2주 후에 진행 결과를 논의해볼까요?", "그때 무엇을 통해 확인(측정)할 수 있을까요?", "잘하리라고 믿습니다."와 같이 말해봅니다.

팀원이 규정을 잘못 해석해 틀린 행동을 하는 경우에도 '팀원의 기를 살려주고 권한 위임을 통한 장기적 부하 육성 차원'에서 잠시 맡겨 둘 필요도 있는 것입니다. 즉, 부하 직원을 너무 통제해서는 안 됩니다. 그렇게 통제하면 부하 직원은 오히려 평소보다 더 많은 실수를 저지릅니다.

사람을 통제하려고 하면 결국 그 사람과 그 사람의 능력까지도 잃게 됩니다. 믿음으로 사람을 키워야 합니다. 상사가 나를 믿고 있다는 생각을 하게 해야 합니다. 물론, 이때 외부 민원으로 인해 피해가 생길 수 있습니다. 더 큰 민원으로 확대되어 은행이나 지점에 피해가 되지 않도록 적정한 선에서 개입은 해야 합니다.

팀원에 대한 업무 개입 시, 먼저, 팀장은 부하 직원인 팀원의 진정한 성장과 발전을 위하고 있다는 진정성이 전달되게 코칭해야 합니다. 즉, '나는 고객 편이 아닌 당신 편이고, 언제나 당신이 잘되기를 원하는 사람'이라는 메시지를 전달해야 합니다.

또한, 실무적으로 질책을 통해 부하 직원의 교정, 개선을 도모할 때는 코칭의 기본인 그 팀원의 원래 태도와 실제 행동을 분리해서 지적합니다. 지금부터는 팀원의 잘못된 일 처리 행동을 교정하는 또 다른 기법을 소개합니다. 바로 '교정적 피드백 기법(Behavior, Effect, Expectation, BEE) 입니다. 먼저 행동(B, Behavior)입니다. 상황을 잘못 판단하고 고객에게 잘못 응대한 행동만 지적합니다. 팀원의 평소 고집스러운 행동, 이전에도 민원인과 다툼에서 오기가 발동했던 일과 같은 개인적 태도, 성격에 대해 지적은 하지 않습니다.

이 단계에서 잘못되면 팀장과 팀원의 관계는 감정적으로 소원해지고, 업무적으로 껄끄러울 수도 있습니다. 관계를 망치지 않기 위해, 이 첫 단계에서부터 신중하게 대응해야 합니다.

다음은 효과(E, Effect)입니다. 그 행동이 미친 결과에 대해 객관적 사실만 언급합니다. 우리 지점, 그리고 은행 전체에 미칠 수 있는 부정적 영향에 대해서만 주지시킵니다.

그다음은 기대(E. Expectation)입니다. 그런데도 이러한 여러 시행착오, 경험 등을 통해 다음번에는 일을 더 잘 처리할 수 있으리라고 팀원에 대한 기대를 전달합니다.

"누구나 처음부터 일을 잘 처리할 수는 없습니다. 팀장인 나도 예전에는 실수를 많이 했었어요. 하지만 그런 실수를 통해 얻는 교훈만은 절대 잊지 말아야 합니다. 다음에는 똑같은 실수를 저지르면 안 됩니다. 그리고 잘 모를 것 같으면 먼저 성급히 판단하지 말고, 전임자를 포함한 주변 선배, 동료, 팀장에게 물어보고 도움을 청해야 합니다. 그런 과정에서 일을 배우고 일하는 방식을 발전시키며 나 자신도 성장, 발전하는 것이니까요."라는 정도의 조언이 적절합니다.

역설적으로 권한 위임의 수준/범위는 팀장이 어느 선에서 개입하느냐에 따라 결정됩니다. 팀장이 개입해야 하는 선을 늦추면 늦출수록 팀원의 성장할 여지, 가능성이 커집니다. 팀장이 팀원을 못 믿어서 필요 이상으로 빨리 개입하면, 팀원은 앞으로도 그 수준 이상으로는 성장하지 못할 것입니다.

업무능력 부족 등과 같은
팀원들의 문제를 해결하는 방법

창업한 지 10년이 된 제조업 기업은 팀원과 팀장 그리고 본부장, 임원으로 4개 계층으로 구성되어 있습니다. 그런데 최근 임원들은 사원의 보고서 작성 능력이 부족하다면서 교육을 권하는 상황입니다. 하지만 과연 하루 특강과 같은 단기 교육으로 보고서 작성 능력이 원하는 수준으로 향상될 수 있을까요?

EPISODE.

○○회사는 올해로 창업한 지 10여 년 된 제조업 기업입니다. 경력직으로 중간에 채용된 본부장, 팀장 20여 명을 제외한 실무자 팀원들은 창업 전후인 10여 년 전에 채용된 30여 명이 다입니다. 전체 회사 규모는 그렇게 50여 명 정도입니다. 팀원들은 선임의 역할을 해줄 선배들이 없어 팀장들의 업무 지도로 지금까지 일해오고 있습니다.

이러한 상황에서 최 상무는 평소 팀원들의 보고서 수준에 대해 문제를 제기하고, 최근에는 일하는 태도까지 마음에 안 든다며 불만을

나는 (   ) 팀장이다

표시하고 이 팀장에게 전체 팀원들을 대상으로 '기획력 향상 및 보고서 작성법'에 대한 교육을 지시합니다.

"요즘 나한테 올라오는 보고서를 보면 오탈자도 많고… 구성도 산만해. 특히, 젊은 팀원들은 그런 교육을 받은 적도 없나 봐? 결국, 사무직은 문서와 글을 갖고 일을 하는 것인데 말이지. 보고서의 전체적인 수준도 문제이고, 또 결국 자기 보고서에 대한 자부심, 책임감, 뭐 주인의식 같은 것도 없는 것 같아."

"아, 네, 요즘 팀원들이 좀 그런 면이 있지요."

"그래서 하는 말인데, 당신이 예전 전 직장에서 연수원 생활을 오래 했다며? 어디 기획, 보고서 작성법, 이런 쪽에 강의 잘하는 사람 없어? 제일 잘하는 강사를 불러서 3~4시간 정도, 기획력, 보고서 작성 제대로 교육해 보라고. 월급쟁이, 회사원들이 보고서 하나 제대로 못 만들어서 되겠어?"

일단 진행은 해야겠지만 임원에게 이런 지시를 받은 팀장은 난감하기만 합니다.

💬 이럴 땐 이렇게 해보세요

'자기 보고서에 대한 자부심, 책임감, 주인의식 없이 보고서를 대충 작성하는 것에 대한 개선.'

이 모든 것이 특강 한 번과 같은 일회성 교육으로 해결될 수 있을까요? 문제의 원인은 과연 교육·훈련의 부족일까요? 아니라면 무엇이 근본적인 문제일까요?

첫째, 권한 위임의 이슈일 수 있습니다. 팀장은 보고서 결재를 하며 생색을 내는 시간, 필요하지도 않은 많은 정보를 독점하기 위해 쓰고 있는 노력과 시간을 더욱더 중요한 성과관리 활동에 투자해야 합니다.

이 회사의 평사원들은 10년 전 입사 초기부터 업무에 대해 코칭해줄 할 선배 팀원의 부재로 인해 곧바로 팀장들의 업무 지시를 철저히 수행만 해왔습니다. 물론, 업무 경험이 많은 팀장으로부터 많은 것을 배우기도 하였지만, 과유불급이라고 이제는 그런 사실이 독으로 작용하고 있는 것입니다. 대충 보고서를 만들어 올려도, 심혈을 기울여 보고서를 만들어 올려도, 문서는 늘 다시 고쳐야 할 상황이 되는 것입니다.

팀장 중에는 올린 보고서에 대한 피드백을 늘 까다롭게 해서 그냥 통과되는 법이 없게 하는 이가 있을 것입니다. 팀원들은 분명 10년 전 입사 초기에 비해 많은 성장을 하였지만, 팀장들은 10년 전처럼 팀원들을 미숙하고 어리게만 보는 것입니다. 더불어 팀원들은 '그래, 어떻게 올리든 결과는 똑같아. 어차피 팀장님이 고칠걸… 그러느니 그냥 대충 올리면 알아서 고쳐주시겠지 뭐.'라는 생각을 하게 될 수도 있습니다. 10년 전에는 정말 잘 몰라서 팀원들이 팀장에게 의존적이었다면, 이제는 팀장들이 여전히 못 믿어 하기 때문에 그런 이유로 다시 의존적으로 대응하고 있을지도 모릅니다.

팀장들은 자신이 못 믿는 사람에게 권한 위임을 할 수는 없습니다. 모든 권한은 여전히 팀장이 독점하여 모든 경우에 권한 위임 없이 행사됩니다. 이런 것이 또 역설적으로 보고서의 수준을 떨어뜨리는 원인이 되는 것입니다.

나는 ( ) 팀장이다

여기에 더해 이 회사의 결재 단계가 4단계로 너무 긴 것도 문제입니다. 결재 라인에 있는 결재권자 모두가 각자의 역할을 하려고 이런저런 의견을 더합니다. 팀장 결재를 어렵게 통과한 보고서는 산 넘어 산이라고 또다시 누더기처럼 수정되어 팀원들에게 돌아옵니다. 즉, 결재 전결권과 같은 권한이 하부로 위임되지 않고 4단계의 결재를 매번 모두 다 거치다 보니, 의사결정도 그만큼 늦어집니다.

이런 과정을 거치다 보니 팀원들은 결재 단계의 맨 아래에서 자신들이 품의한 보고서이지만 존재감을 상실해 가는 것입니다. 팀원들은 이제 워딩만 하는 사람, 그 이상 그 이하도 아닌 존재가 되어갑니다. 단순한 업무를 담당하는 사무직 직원의 보고서 품질에 대해 책임을 추궁하는 회사는 없습니다. 그러니 마음이 불편하거나 더 나아지려는 노력도 하지 않겠지요.

물론 팀장의 처지도 이해는 됩니다. 혼자 다 하지 말고 부하 직원들에게 권한 위임을 하라고 하니 하긴 했는데, 권한 위임 이후 걱정이 되어 밤잠도 제대로 이루지 못하고 팀원들 몰래 진도를 확인하기도 합니다. 하지만, 이런 것이라면 권한 위임을 안 하느니만 못합니다. 괜한 권한 위임 이후 이렇게 스트레스를 받느니 그냥 원래 자기 스타일대로 하는 것이 낫기 때문입니다.

먼저 '팀장은 결재권과 조직에서 발생하는 모든 정보를 독점해야 한다'라는 잘못된 공식부터 버려야 합니다. 권한 위임을 통해 일을 시키고 영향력을 행사하는 새로운 길을 찾아야 합니다. 결재하며 생색을 내는 시간, 필요하지도 않은 많은 정보를 독점하기 위해 쓰고 있는 노력과 시간을 줄여야 합니다. 진정한 리더라면 더욱더 중요한 성과관리 활동에 투자해야 합니다.

둘째, 교육훈련 방식의 이슈일 수 있습니다. 팀장은 티칭(Teaching)이 아니라 코칭(Coaching)해야 합니다. 단발성, 일회성 특강 위주의 교육으로는 누군가의 변화를 끌어내기는 쉽지 않습니다. 대신에 현장에서의 'OJT', '코칭', '일을 통한 육성'이 변화에 더 효과적일 수 있습니다. "들은 것은 잊어버리고, 본 것은 기억하고, 직접 해본 것은 이해한다."라는 말처럼, 연수원에서 집합교육을 통해 보고 듣는 교육보다는 현장에서 실무를 직접 다루며 일을 배우는 학습 방식이 조직과 팀원의 변화 혁신을 더 효율적으로 끌어냅니다.

| 권한 위임의 방해요인과 7가지 원칙 |

불안의 벽	**'권한을 넘겨주면 나는? 내 자리가 위태로워지지 않을까?'** 1. 권한 위임은 '권한 분배'가 아니라 '권한 확장'임을 명심하라 2. 위임하는 일의 범위와 내용을 명확히 하라
불신의 벽	**'직원들이 과연 이 일을 잘할 수 있을까?'** 3. 부하 직원의 역량을 파악하고 개발하라 4. 성공 경험을 쌓게 하라 5. 업무의 자율성을 인정하라
불통의 벽	**'도대체 말이 안 통해… 일 맡기기도 힘들어'** 6. 열린 질문과 공감적 경청을 하라 7. 긍정적 피드백을 활용하라

※ 출처: 〈SERI 경영 노트〉, 157호, 2페이지

이 회사는 이러한 육성의 역할을 담당할 선배 팀원들이 부재해 업무 경험이 많은 팀장들이 이 역할을 대신해야 했습니다. 하지만, 이 회사의 팀장들은 일을 빨리 수행하고 성과를 빨리 내야 한다는 급한 마음에 '고기 잡는 방법을 알려주는 코칭'이 아니라 일하는 방법을 일일이 설명해주고 고치고 수정하는 쪽을 선택했습니다. 그런 방법 때문에 팀원들의 성장은 지난 10년간

나는 (   ) 팀장이다

정체되어 버렸습니다. 이 회사의 팀원들은 권한 위임으로 인해 자율적으로 된 게 아니라 여전히 의존적인 상태입니다.

따라서 팀장은 지금이라도 코칭으로 팀원들을 스스로 성장하게 하고, 성장한 팀원들이 권한 위임을 받아들이게 해야 합니다. 그렇게 자율적인 존재가 되어, 자기 보고서에 대한 자부심, 책임감, 주인의식, 성취감을 가질 수 있도록 해야 합니다.

권한 위임을 방해하는 '불안, 불신, 불통'이라는 3가지의 심리적인 벽을 깨야 리더와 부하 직원이 성장하고 조직은 성공합니다. 리더 개인의 역량만으로는 변화하는 경영 환경에 대응하기 어려우므로 더 여러 사람의 힘을 모아야 합니다. 조직에서 여러 사람의 힘을 지원받는 방법은 비용 지출 없이도 가능합니다. 그게 바로 권한 위임입니다. 권한 위임을 통해 부하 직원들의 역량을 극대화하여 더 빠른 업무 수행과 더 커다란 성과 창출을 이루어낼 수 있습니다.

사소한 문제까지 해결을 원하는 MZ 세대 팀원을 이끄는 법

MZ 세대는 밀레니얼 세대와 Z 세대를 일컫는 말입니다. 그들은 자율성을 중시한다고 하며 그들은 굉장히 주도적으로 인식됩니다. 하지만 모든 MZ 세대가 그런 특징을 가진 것은 아닙니다. 지나치게 일일이 크고 작은 모든 일에 대한 판단을 해달라는 MZ 세대 팀원에게는 어떻게 리더십을 발휘해야 할까요?

EPISODE.

○○회사는 중견기업으로 팀원들의 채용 경로가 다양할 뿐만 아니라, 경력 연수에도 편차가 커 팀원들 간의 업무 수행능력 차이가 큰 편입니다. 이런 상황 속에서 업무 수행능력이 낮은 편이며, 매사에 작은 결정까지도 팀장에게 의견을 구하는 김 팀원이 있습니다.

권한 위임을 하려고 해도 받아들일 준비나 수준이 안 되는 이들이 꽤 있습니다. 팀장 입장에서는 어느 정도의 가이드라인을 내려주면 그다음부터는 팀원들이 알아서 해 주기를 바랍니다. 하지만 특히 김

나는 ( ) 팀장이다

팀원은 사소한 일까지 매번 팀장에게 의견을 구하니, 그 팀원이 "팀장님, 말씀드릴 게 있습니다."라는 말만 들어도 팀장은 이제 짜증부터 나면서 답답한 마음도 듭니다.

"팀장님, 큰일 났습니다. 긴급하게 드릴 말씀이 있습니다."

"아니, 잠깐만, 무슨 건으로 당신이 이러는 줄 내가 대충 알겠거든…."

"그러니까 일을 직접 더 해 보다가 정말 안 될 것 같으면 그때 말해 보라고. 정말 당신이 해결할 수 없을 것 같은 큰 문제가 발생하려고 하면 나한테 얘기하라고!"

"팀장님! 그게 아니고요, 정말 중요한 일이라 그럽니다. 지금 제 말을 들어주시고 판단해 주셔야 합니다. 실무자인 제 선에서는 더 일을 진척시킬 수 없습니다. 제가 책임질 수 없는 영역입니다."

"나중에 책임은 내가 다 질 테니까, 걱정 좀 미리 하지 말고, 소신껏 일단 온 힘을 다해 보란 말이야. 중간보고는 한두 번만 하면 되니까, 이 일의 최종 책임자는 당신이라고 생각하고 끝까지 일단 일을 마무리 좀 해봐! 매번 이렇게 일이 생길 때마다 큰일 났다고 날 쫓아오면, 나는 내 일을 언제 하나? 나도 바빠! 언제까지 이렇게 일할 거야?" 답답한 마음에 괜히 큰소리까지 치게 됩니다.

이런 팀원을 두게 되면 작지 않은 고민에 빠집니다. 이러한 성향이 있는 이를 과연 말 몇 마디, 잔소리로 고칠 수 있을까요? 오래된 논쟁 하나가 새삼 떠오르기도 합니다.

'사람, 함부로 버리는 것이 아니다.', '사람, 고쳐 쓰는 것이 아니다.' 과연 어느 말이 더 옳을까요? 전자는 사람을 볼 때 현재의 모습만 보고 판단하지 말고 그가 보유한 잠재력을 믿고 오래도록 지켜봐야 한다는 말입니다. 후자는 그렇게 잠재력을 나중에 폭발시키는 사람의 경우는 매우 드문 일이니, 쓸데없이 시간 낭비하지 말고 인사 조치 등을 취하라는 의미입니다.

물론 사람을 버릴 것을 고민하거나 고쳐 쓸 것을 고민하지 말고 뽑기(채용)를 잘해야 합니다. 하지만 채용이나 선발이 완벽할 수도 없고 적재적소 배치도 되지 않아 내 마음에 들지 않는, 내 성향과 다른, 내 기대와는 다른 여러 사람과 불가피하게 함께 일하게 됩니다. 그러므로 팀장은 여러 시도를 해보아야 합니다. 팀장에게 부여된 여러 업무 중 하나이자 가장 중요한 업무는 팀원 육성이기 때문입니다. 그러기 위해 가장 먼저, 팀원인 부하 직원들 개개인의 강점과 보유 역량, 업무 스타일을 파악해야 합니다. 거기에 더해, 일의 난이도와 성격까지 감안하여 그 사람에게 가장 맞는 일을 배분해야 합니다.

다음으로는 크고 작은 성공 경험을 쌓게 해야 합니다. 자신의 적성, 업무 스타일에도 맞지 않을 뿐만 아니라, 자신이 잘 모르는 분야여서 자신감을 잃고, 팀장에게 쫓아오는 것일 수도 있습니다. 처음에는 그 팀원의 역량에 맞는 쉬운 업무부터 부여합니다. 그리고 점차 난이도를 높여 과제를 부여함으로써 작은 성공의 경험을 큰 성공의 경험으로 이어가게 합니다. 초기에 감당할 수 없는 어려운 과제를 부여해 자신감을 잃고 좌절하지 않게 주의합니다.

미시건 대학의 칼 E. 웨익(Karl Edward Weick) 교수는 '작은 성공 전략(Small Wins Strategy)'의 중요성을 강조합니다. 이는 자신의 능력과 역량에 맞는 작은 과업을 완수하면서 생긴 자신감과 작은 성공의 경험을 통해, 결국 어려운 업무와 큰 과업도 자신 있게 수행하는 것을 말합니다. 이러한 전략으로 부하 직원을 육성해 내기 바랍니다.

최종적으로는 부하 직원이 수행하는 업무의 자율성을 인정해야 합니다. 즉, 역량도 갖추고 크고 작은 성공 경험을 통해 성숙해진 팀원에게는 과감히 업무 수행의 자율성을 인정해 줍니다. 이제 대략의 거시적인 기획과 같은 아웃 라인을 잡는 정도는 팀장이 해도, 세부적인 업무처리는 팀원들에게 위임하여 스스로 감당하게 합니다.

이렇게 여러 단계를 거친 부하 직원들에 대한 권한 위임은 자연스럽게 성과를 내는 것으로까지 이어집니다. 하지만 이러한 여러 단계를 생략한 채, 처음부터 무작정 '권한 위임을 해줄 터이니 알아서 소신껏 해봐.'라는 것은 방임으로, 이는 성과가 아니라 실패와 관계 갈등만을 가져올 것입니다. 팀원들은 자율적으로 최고의 역량을 발휘할 때, 상사의 업무 지시나 회사의 업무 매뉴얼로 만들어낼 수 없는 성과를 창출한다는 것을 반드시 기억하기 바랍니다.

일의 목적과 의미, 배경 설명까지 묻는 팀원을 지원하는 방법

'성과를 내는 팀을 만들고 싶다면 일의 의미와 가치를 설명하라'라고 합니다. 물론 옳은 말입니다. 하지만 바쁜 일상에서 매번 그럴 수는 없습니다. 여기에 어떠한 상황에서건 일의 가치를 묻는 MZ 세대인 팀원이 있습니다. 그렇다면 그를 어떻게 설득해서 빠르게 업무를 추진하고 성과로 이끌 수 있을까요?

EPISODE.

"팀장님, 오늘 아침 회의 시간에 말씀하신 업무 말인데요. 우리 회사의 SNS를 활성화하는 방법에 대해 말씀하셨는데요? 왜 굳이 지금 이 시점에 이미 잘 관리되고 있는 SNS를 더욱 활성화해야 하는지 그 이유를 알고 싶습니다."

"우선 임원 회의에서 나온 이야기인데요. 김 상무님이 사장님께서 지시하신 내용이라고 최우선으로 진행하라고 나온 이야기입니다."

"그 말씀은 하셨는데요. 사장님이 왜 그런 지시를 내린 건지 그 이

나는 ( ) 팀장이다

유는 무엇이지요?"

"내가 그 상황은 알고 있기는 한데 말하자면 너무 이야기가 길고 당장 오늘 보고를 해야 하니 우선은 실행 방안을 먼저 좀 세우고 세부적인 이유는 나중에 시간을 내서 따로 이야기하겠습니다."

"팀장님, 저는 일을 하면서 왜 이 일을 해야 하는지, 일에 대한 의미가 무엇인지 알고 해야 한다고 생각합니다. 무조건 사장님이, 상무님이 하라고 했다고 해서 그냥 하는 것이 아니라 그 지시가 나온 맥락이 있을 텐데 그게 무척 알고 싶습니다."

"사장님이 오늘 오후 중으로 SNS 활성화 방안을 보고 하라시는데 지금 그걸 이야기할 시간이 있습니까? 몇 시간 안 남았다고요. 우선 초안이라도 먼저 진행하고 나중에 이런 이야기는 해도 되는 것 아닙니까? 지금 당장 시간이 너무 없는데 그런 배경 상황 설명이 그리 중요해요?"

결국, 이렇게 팀장이 화를 내고 대화는 끝났습니다. 물론 사장님의 지시 사항에 대한 목적과 의미는 팀장이 잘 알고 있습니다. 사장님이 전날 조찬모임에 가셔서 특강을 들으셨습니다. 그 주제가 바로 '밀레니얼 세대와 Z 세대들에 대한 특성'이었던 것이지요. 강사님이 '밀레니얼, Z 세대를 잡아야지만 미래의 먹거리를 확실히 챙길 수 있다'라는 이야기를 하셨고요. 특강을 듣고 오셔서 바로 '회사의 SNS를 점검하고 홍보를 극대화하라'는 기획안을 빨리 내보라고 지시하신 겁니다.

빨리 기획안을 써야 하는데 설명을 일일이 다 하고 있을 수는 없습니다. 그런데 나 팀원은 항상 일을 지시하면 그 일의 목적과 의미를 반드시 묻고 그 일이 생기게 된 배경 설명까지 요구합니다. 그와 어떻게 소통하면 좋을까요?

🗨 이럴 땐 이렇게 해보세요

 밀레니얼 세대, Z 세대들은 일을 할 때 그 이유와 목적에 대해서 알고 싶어 하는 경향이 강합니다. '일은 하긴 하는데 왜 해야 하는지'를 무척 중요하게 생각합니다.

물론 상황이 다급하다고 해서 상부의 지시사항에 대해서 그것을 하는 목적과 의미에 대한 설명도 없이 일을 시키는 것은 일의 결과를 봤을 때도 좋지 않은 리더십 행동입니다.

요즘 밀레니얼 세대들에게 중요한 잡 크래프팅(Job Crafting) 관점에서도 일의 의미를 아는 것은 매우 중요합니다. 잡 크래프팅은 '일의 목적과 의미를 알고 스스로 일을 찾아서 한다'라는 직무재창조의 한 분야입니다. 다시 말해 일의 의미와 가치를 깨달으면 스스로 직무를 창조하여 열심히 한다는 것입니다.

사장님께서 '밀레니얼 세대, Z 세대를 겨냥해 SNS 활동을 강화하라'고 하신 말의 의미는 결국 조직의 마케팅 방향성과 매우 밀접한 관계가 있습니다. 마케팅의 방향성을 알고 어떻게 SNS 활동을 극대화할지를 고민하는 것과 '그냥 사장님이 지시한 것이니 생각해봐'라고 하는 지시하는 것은 큰 차이가 있습니다.

　　　　　　　　　　　　　　　　　　　　나는 (　) 팀장이다

특히 지금 신입 사원으로 입사하는 젊은 Z 세대들은 일에 대한 가치와 의미에 대해서 매우 중요하게 생각합니다. 이런 세대에게 과거에 해왔던 것처럼 '시키는 대로 해, 그냥 내 명령이니까 해, 급하니까 빨리해'와 같은 지시는 통하지 않습니다. 그렇게 일방적인 지시는 원하는 성과를 만들어 내기 힘듭니다.

기성세대인 386 세대, X 세대 리더들은 오히려 밀레니얼 세대, Z 세대들이 어떤 생각과 행동을 하는지 유심히 살펴보고 그들이 원하는 것을 적절하게 대응해 주어야 합니다. 이는 조직의 팀워크와 성과를 위해서도 매우 중요합니다.

업무 지시를 내릴 때는 반드시 이 일을 왜 하는지, 일에 대한 의미와 가치를 설명해 주고 일이 잘 되었을 때 우리 팀에, 개인에게 어떤 영향을 줄 수 있는지에 대해서 구체적으로 설명합니다. 시간이 조금 더 걸린다고 생각할 수 있지만, 오히려 이렇게 했을 때 오해의 소지가 없고 더 좋은 결과를 내는 지름길이 될 것입니다.

실제 밀레니얼 세대들은 자신이 하는 일에 대한 의미를 매우 중요하게 생각합니다. 모기업의 에이치아르(HR) 팀원인 김 팀원이 하는 일은 온종일 팀원들의 해외 출장 비행기 티켓과 호텔을 알아봐 주거나 휴가계를 받고 회사 콘도를 관리하는 일입니다. 이 일을 매일같이 하다 보니 '자신이 여행사 팀원 같다'라는 말을 하곤 합니다. 그렇다면 김 팀원에게 어떻게 일의 의미와 가치를 부여할 수 있을까요?

이때 팀장은 김 팀원에게 지금 하는 일이 사소해 보이지만 팀원들이 편안하게 출장을 다녀오고 휴가를 다녀와서 조직의 성과에 이바지할 것이고 문제가 없이 이런 일이 반복되면 결국 그것이 조직의 성과라는 이야기해 줍니다.

그리고 개인적인 커리어 관리 차원에서도 '지금은 이 일을 하고 있지만, 팀원들과의 관계를 이뤄나가면서 한 단계씩 성장해 나가고 시간이 지나면 다른 업무도 배우면서 더 어렵거나 기획과 같은 일도 하게 될 것'이라는 미래 개인의 성장 관점에서 설명합니다.

조직은 한 사람 한 사람이 톱니바퀴처럼 돌아갈 때 효율이 극대화되며 그것이 성과로 이어지고 개인의 성장과도 매칭이 된다고 설명합니다. 그때서야 김 팀원은 자신이 하는 일이 그저 하찮은 것이 아니라 조직의 성과에 크게 기여하는 일이고, 앞으로 이 일만 하는 것이 아니라는 사실을 알게 됩니다. 지금의 일은 다음의 어려운 일을 위한 앞 단계로서 자신이 더 성장하기 위해서는 더 빠르고 효율적으로 일할 수 있는 방법을 찾아갈 수 있도록 노력하게 됩니다.

잡 크래프팅은 결국 스스로 일을 잘할 수 있도록 깨닫는 과정입니다. 일의 목적과 의미를 명확하게 설명해 주면 팀원들은 스스로 그 일을 더 잘하기 위해서 노력하게 됩니다.

전략 커뮤니케이션 전문가 사이먼 사이넥(Simon Sinek)은 《나는 왜 이 일을 하는가》에서 골든 서클을 설명합니다. 사람들과의 커뮤니케이션에서 가장 중요한 것은 왜(Why)라고 설명합니다. 사람들이 일반적으로 설득을 할 때 무엇-어떻게-왜(What-How-Why) 순서로 말하는데, 그들을 진짜 설득하고 싶다면 왜-어떻게-무엇(Why-How-Whwat) 순서로 커뮤니케이션을 해야 한다고 말합니다.

설득하는 소통을 위해서는 이유, 가치, 목적, 동기, 신념 등을 공유합니다. 팀장이 '왜'에 대해 말하면 거기에 동감하는 사람들의 동의를 끌어낼 수 있기 때문입니다.

팀원들이 진심으로 따르는 리더는 팀원들에게 영감을 줍니다. 팀원들은 의무감이 아니라, 스스로 원해서 그들을 추종합니다. 그들을 위해서가 아니라 팀원 자신을 위해서 따릅니다. 그리고 그들의 리더는 늘 '왜'에 대해 충분히 설명합니다. 이런 리더를 지향하시기 바랍니다.

| 골든 서클(Golden Circle) |

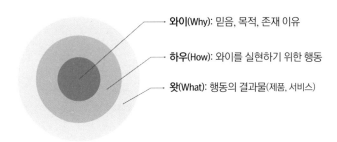

와이(Why): 믿음, 목적, 존재 이유

하우(How): 와이를 실현하기 위한 행동

왓(What): 행동의 결과물(제품, 서비스)

NINE

TEAM

LEADERSHIP

PART 7

나는 (워크스마트하는) 팀장이다

의견도 없이 보고하는 팀원을
주도적으로 만드는 방법

'일의 결정은 팀장이 하는 것이고 본인의 역할은 단순히 자료를 분석하고 준비하는 것'이라고 생각하는 팀원들이 의외로 많습니다. 의견을 물으면 '어차피 결정은 팀장이 하는 것이니 자신은 상관없다'는 식입니다. 이런 팀원은 왜 그렇게 생각하는 것일까요? 그리고 이에 대한 해결책은 없을까요?

EPISODE.

평소 황 대리는 우유부단하고 자기의 의견을 좀처럼 이야기하지 않는 스타일입니다. 그래서 이번에 임원에게 보고할 업체 분석 업무를 황 대리에게 지시하며 방법을 스스로 고민해보고 의견을 정리하여 보고해달라고 하였습니다.

그리고 나서 일주일 후 보고를 받았는데 이번에도 역시 자신의 의견을 빼고 업체들의 단순 비교 내용만 보고서에 담아 제출하였습니다. 차이에 대한 분석이나 담당자로서의 의견이 전혀 없는 상태였습니다. 이제 사원이 아닌 대리이니만큼 담당자의 분석력이 필요하다는 것을 명확히 알려주기 위하여 황 대리를 회의실로 불렀습니다.

"황 대리님, 보고서 내용은 잘 봤고 업체 조사하느라 수고했어요. 두 업체에 대한 장·단점이 보고서에 잘 나와 있더군요. 어떤 업체를 비교하던 각각 장·단점이 있는 것은 당연한 것 같아요, 저는 장·단점을 분석한 업체 중 어떤 업체가 우리에게 더 유리한 것인지 황 대리님의 의견이 궁금하네요."

"네, 제가 조사한 업체 중 최종 2개 업체를 보고 드렸는데요. A 업체는 가격과 경험 면에서 우수하지만, 기술은 조금 부족하고 B 업체는 가격과 기술 면에서는 뛰어나지만, 경험 면에서 조금 부족함이 있는 것 같습니다."

"그래요, 그 내용은 보고서를 통해 이미 이해했어요, 그래서 황 대리님의 의견은 뭐죠?"

"제 의견이요? 이미 말씀드렸듯이 A 업체는…."

"그건 이미 말을 했고, 저는 지금 황 대리님의 의견이 뭔지 묻고 있잖아요. 황 대리님의 의견은 뭔가요? 어떤 업체가 더 좋은 것 같아요?"

"저는 시키신 대로 업체 조사만 하였습니다. 자료를 만들어 달라고 업무 지시를 하셔서 열심히 준비했고 당연히 의사결정은 팀장님이 하시리라 생각했기 때문에 별다른 의견을 준비하지는 못했습니다."

"그래요, 최종 결정은 제가 하겠죠. 그런데 일을 맡은 사람이 자기 의견도 없이 보고하는 것은 아니라고 생각해요."

"어차피 최종 의사결정을 팀장님이 하시지 않습니까? 아니면 저에게 미리 업체 하나를 선정해보라고 말씀하셨다면 그렇게 했을 것입니다. 팀장님."

"참… 신입사원도 아니고, 알았네요. 구체적으로 업무 지시를 못한 내 책임이 크네요. 나가보세요."

나가는 황 대리를 보며 팀장은 더욱 고민이 깊어집니다. '저 친구는 스스로 생각할 의지가 없는 것일까?'

어떻게 해야 일에 대해서 담당자로서 일을 명확하게 분석하고 당당하게 의견을 제시할 수 있도록 할 수 있을까요?"

🗨 이럴 땐 이렇게 해보세요

자신의 분석과 의견이 없는 보고는 팀장을 답답하게 만듭니다. 그런데 무엇을 하겠다는 의지가 없이 현황 설명만 하고 '판단은 팀장이 해라'는 식의 보고를 하는 팀원이 생각보다 많습니다. 일의 결정은 팀장님이 하는 것이고 본인은 단순히 자료를 분석하고 준비하는 것으로 생각하는 것은 다음 3가지의 이유가 있기 때문입니다.

첫 번째, 팀원이 결정에 대한 책임을 회피하고 싶어 하기 때문입니다. 자신이 선택한 것이 아니니까 결정에 대한 책임도 없다고 생각하는거죠.

이런 팀원이 리더가 되면 결정을 하지 못하고 하염없이 미루기만 하게 됩니다. 그래서 적기를 놓치게 되고 결국 안 좋은 결과를 초래하게 됩니다.

나는 ( ) 팀장이다

두 번째, 조직문화가 권위적이고 자율성을 허락하지 않는 팀 분위기 때문입니다. 수직적으로 일하는 조직은 팀장의 말에 따르는 데 익숙해져 있어 자신의 의견을 말하지 못하고 팀장의 지시나 결정을 기다립니다. 이러면 팀원은 점점 더 수동적으로 됩니다.

세 번째, 정신적 처벌에 대한 두려움 때문입니다. 의견을 제시했다가 꾸중을 듣거나 부정적인 평가를 받을 것이 두려워서 의견 제시를 피하는 것입니다. 이러면 그 팀원은 업무적으로 성장할 수 없습니다. 팀원의 보고는 단순히 자료를 조사 및 분석하여 전달해 주는 것이 아니라 자신이 생각하는 최적의 해결책과 근거를 제안할 수 있어야 합니다. 팀원이 지시받은 업무에 대해 적극성을 가지고 건의 및 제안할 수 있도록 하기 위해서는 평소 업무 지시를 하고 보고를 받을 때 훈련해야 합니다. 업무에 대한 제안은 타고난 성향이 아니라 학습을 통해 습득되는 것입니다. 팀원의 적극성을 키우기 위해 다음과 같이 해보기 바랍니다.

첫째, 먼저 보고를 할 때 팀장의 다양한 질문에 대비하도록 합니다. 팀장은 보고만 받지 말고 보고자에게 다양하게 질문하여 보고자가 팀장이 어떤 질문을 할지 사전에 가늠해보고 준비할 수 있도록 교육합니다.

질문 내용은 보고자의 의견, 현재 진행 상태, 문제점 등을 포함합니다. 보고자가 단순히 자료만 분석하고 취합하는 것이 아니라 해결책 및 자신의 의견을 고민하고 준비할 수 있도록 합니다. 팀장을 포함하여 리더들이 결국 가장 중요하게 생각하는 질문은 '어느 정도의 자원을 투입하여 어느 정도의 결과를 낼 수 있는지'입니다. 이를 위해서는 평소 논리적인 분석을 위한 훈련을 꾸준히 할 수 있도록 유도해야 합니다.

둘째, 보고할 때 향후 계획이나 문제의 해결 방안에 대해 말하도록 합니다. 보통 보고를 하는 사람이 문제나 결론은 잘 얘기하지만 향후 계획과 해결 방안 같은 것은 잘 말하지 않습니다. 결국 보고 후에는 '그래서 어쩌라는 것이지'라는 말을 할 수밖에 없죠. 흔히 말하는 기승전결에서 기승전까지만 보고하는 경우가 많습니다. 따라서 명확하게 '결'을 보고 할 수 있도록 팀원들에게 지침을 줍니다.

셋째, 팀장 자신과 팀원의 의견이 다르게 나왔을 때 비판하지 않고 공감해 줍니다. 팀원이 자신의 의견을 제시할 때 비판받으면 다음부터는 의견을 제시하는 것에 대한 두려움을 갖게 됩니다. 동의와 공감은 다릅니다.

팀원을 예스맨처럼 늘 생각 없이 동의하는 사람으로 만들지 않기 위해서는 팀원의 의견이 자신의 의견이 다르더라도 비판하지 않아야 합니다. 적극적으로 공감과 경청을 하고 적절한 질문을 통해서 팀원이 자기 생각을 자신 있고 자율적으로 이야기할 수 있도록 유도해야 합니다.

넷째, 평소 회의 시간에 팀장에게 건의를 하나 말해보게 합니다. 건의 및 제안에 관한 생각을 갖기 위해서는 먼저 문제에 대한 인식이 필요합니다. 팀장은 건의 제안을 통해 평소 자신의 업무와 팀에 대한 문제점과 해결책에 대해 생각해보고, 그 생각을 자유롭게 제시하는 분위기를 만들어야 합니다. 제안의 시간에는 절대 그 제안에 대한 현실적인 제약을 말하기보다는 실행의 방법을 고민하는 것이 중요합니다.

다섯째, 분야에 대한 전문 서적을 읽고 정리, 발표하게 합니다. 자신의 의견을 자신감 있게 제시하기 위해서는 우선 업무에 대한 전문성이 있어야 합니다. 일을 오래 하면 숙련가는 되지만 전문가가 되지는 않습니다. 숙련도가 높은 사람은 근속과 경험을 통해 업무의 노련함은 있지만, 전문가처럼 변화

나는 (   ) 팀장이다

하는 환경에 창의적인 대안을 제시할 수는 없습니다. 전문가가 되기 위한 필요조건은 오직 끊임없는 학습과 오랜 연습, 새로운 생각과 도전입니다. 추가로 팀원에게 직접 해당 분야의 책을 추천해 주거나 선물을 해주면 어떨까요?

업무를 자기 생각대로만 하는
팀원 관리하는 방법

한 팀원이 업무 마감 전까지 2번의 중간보고를 요구하였으나 매번 '잘 진행되고 있으니 걱정하지 말라'고 하더니 보고 전날 전혀 다른 기획안을 가지고 나타났습니다. '잘할 수 있다'고 해서 믿고 맡겼더니 뒤통수를 맞은 기분입니다. 지시한 것과 다른 것을 보고하는 팀원은 어떻게 해야 할까요?

EPISODE.

전략기획팀에서 3년 동안 팀을 잘 이끌다가 이번에 인사교육팀의 새로운 팀장으로 부임한 강 팀장은 사장님으로부터 성과평가와 관련하여 프로세스와 시스템을 효율적으로 개선하라는 과제를 부여받았습니다. 업무 자체가 난이도가 크고 도전적인 업무라 팀의 에이스라 전해 들은 한 과장에게 업무를 지시하였습니다.

"한 과장님, 사장님이 회사의 성과평가 방법을 상대 평가에서 절대 평가 방식으로 개선해보라는 과제를 주셨어요. 아마도 기존에 운영되고 있는 성과평가 제도에 대한 불만이 많이 나오고 있어서 대대적으로 변화를 주고 싶으신가 봐요. 아직 인사팀에 대한 업무들은 내가 미숙하니 한 과장이 나와 함께 기획안을 준비해서 다음 주 경영 회의에 함께 발표해보는 것이 어떨까요?"

"팀장님, 저도 늘 우리 회사의 성과평가 제도에 불만이 많았는데 제 생각에도 꼭 필요한 업무인 것 같습니다. 제가 인사팀 업무 10년째이기 때문에 이 분야에 대해서는 전문가입니다. 그냥 저에게 맡겨주시면 기획안을 한번 준비해보겠습니다."

"그래요 그럼. 한 과장님이 기획안을 한번 만들어보세요. 그리고 나에게 중간중간 보고만 좀 부탁할게요."

그냥 맡기기에는 조금 불안하였지만 그래도 팀장보다 더 전문가이고 의욕을 보이니 업무위임을 해주고 진행 상황만 점검하기로 하였습니다.

그런데 업무 마감 전까지 2번의 중간보고를 요구하였는데 잘 진행되고 있으니 걱정하지 말라고 하더니 보고 전날 전혀 다른 기획안을 가지고 나타났습니다.

"어? 한 과장님 이게 뭔가요? 이 기획안은 내가 방향을 잡은 절대 평가 도입에 관한 내용이 아니고 상대 평가에 대한 프로세스 개선안 아닌가요?"

"네, 팀장님. 제가 자료를 조사하고 기획안을 작성하다 보니 팀장님이 이야기하신 절대 평가는 아직 우리 회사에서 도입하기에 무리가 있는 것 같아서 기존 상대 평가에 대한 프로세스 개선 쪽으로 접근하여 기획안을 작성해보았습니다."

"아니 그러면 나에게 미리 보고를 해줬어야죠! 상무님에게 이미 절대 평가 도입에 대한 기획안으로 발표하겠다고 말을 다 해놨는데 나는 그럼 어떻게 하라는 건가요?"

"아, 저는 그냥 현실적이고 실현 가능한 방향으로 기획안을 작성하는 것이 더 좋을 것 같다고 생각을 하다 보니…."

(내일 발표인데 진짜 나보고 어쩌라는 거야, 이 친구 믿을만한 친구인 줄 알았더니 완전 자기 멋대로구먼!)

"일단 알았으니 나가보세요."

💬 이럴 땐 이렇게 해보세요

업무를 명확히 지시하고 보고를 잘 받는 것이 팀장의 능력입니다. 팀장은 팀원의 스타일과 상관없이 업무 파악을 위해서는 필요할 때 언제든 보고를 받을 수 있어야 합니다.

팀장보다 팀원 자신이 업무를 더 잘 안다고 해서 중간보고도 하지 않고 자기 멋대로 업무를 해오게 해서는 안 됩니다. 실제 업무는 팀원이 하더라도 그 업무가 잘 진행되고 원하는 목표에 달성할 수 있도록 관리하는 것은 바로 팀장의 역할입니다. 그래서 팀장은 업무를 지시하였더라도 적극적으로 업무를 챙기고 관리하여 원하는 결과를 함께 만들어 낼 수 있어야 합니다. 팀원과 업무 방향을 일치하기 위해 다음과 같이 해보시기 바랍니다.

첫째, 먼저 업무를 지시할 때 중간보고 시점을 알려줍니다.

나는 ( ) 팀장이다

팀원의 전문성이 높아 스스로 업무를 기획하고 진행할 수 있다고 하여도 중간보고는 꼭 하게 해야 합니다. 또한 업무 시작 전 업무 목표에 대한 명확한 방향성과 최종 보고서의 이미지(Output Image)를 실무자에게 알려주는 것도 팀장의 중요한 역할입니다.

그리고 업무 시작 전에 방향성에 대해서 완벽하게 지시를 하였더 하더라도 실무자의 시각에서는 자기도 모르게 방향성이 달라질 가능성이 존재합니다. 중간보고는 일의 방향이 잘못되지 않게 사전에 방지할 수 있고, 업무 추진상의 어려움과 팀장 지원 사항도 확인할 수 있는 장점이 있습니다. 그리고 최종 보고까지 실무자의 스케줄 관리도 명확하게 할 수 있습니다. 그래서 역량이 뛰어나 스스로 업무를 처리할 수 있는 팀원이라 할지라도 업무를 지시할 때 중간보고 시점은 꼭 협의해야 합니다.

둘째, 기다리지 말고 공식적으로 중간보고를 요청합니다. 팀장은 업무를 지시하고 나면 기다림의 연속입니다. '언제쯤 팀원이 중간보고를 해줄까?', '다음 주 월요일 주간 회의 때 보고를 해줄까?', '내가 물어보면 싫어하지는 않을까?', '일은 제대로 하고 있을까?' 등 팀장이 이런 고민을 하는 것은 팀원을 배려하는 것일 수도 있지만 일의 책임이 자신보다 팀원이라고 생각하기 때문일 수도 있습니다.

그러나 일은 팀원이 하더라도 그에 대한 모든 책임은 팀장에게 있습니다. 그래서 팀장은 적극적으로 팀원의 업무를 점검하고 관리해야 합니다. 팀원의 업무 진행 상황이 궁금하거나 보고가 필요하다고 생각되면 기다리지 말고 팀원에게 보고하라고 공식적으로 요청해야 합니다. 팀원이 불편해한다고 해서 업무를 방치하는 것은 팀장의 책임을 회피하는 것입니다.

팀원에 따라 공식적 보고를 매우 힘들어하는 경우도 있습니다. 또한, 공식적 보고의 간격이 너무 길어서(주간 보고) 시간적 여유가 없을 수도 있습니다. 이럴 때는 매일 아침 주기적으로 브레이크 타임을 통해 꾸준히 일의 진행 상황을 점검하는 것도 좋습니다.

팀장이 팀원에게 요청할 수 있는 보고는 결과 보고, 중간보고, 변경 및 수정 사항 보고, 정보 공유 보고, 문제 발생 보고, 진척 상황 공유 보고, 지원 요청 사항 발생 보고 등이 있으니 보고를 요청할 때 이를 적극적으로 활용해보시기 바랍니다.

나는 (   ) 팀장이다

상사를 설득하기 위한
효과적인 보고 법

보고에는 정도(正道)가 있을까요? 정말 다양한 상사가 있기 때문에 그만큼 보고의 방법도 다양할 것입니다. 하지만 어떤 상사라도 원하는 보고 법이 있습니다. 바로 보고를 받는 입장에서는 그것을 했을 때 무엇이 좋아지는지 명확한 성과 혹은 구체적인 결과를 알고자 하지요. 이를 위해서는 어떤 요령을 익혀야 할까요?

EPISODE.

새로운 임원은 근거와 데이터를 기반으로 의사결정을 하는 논리적 성향이 강한데 비해, 인사교육팀의 김 팀장은 경험과 노하우는 많지만 직관에 의존하여 업무를 추진하는 성향을 가지고 있습니다. 최근 리더십 교육의 강화 필요성을 느낀 김 팀장이 임원에게 '2020년 팀장 리더십 과정을 제안하는 상황'입니다.

"상무님, 지난번에 상의 드렸던 것처럼 우리 회사 신입사원들이 최근 많이 퇴사하고 있는데 그 원인이 회사의 수직적인 조직문화와 팀장의 리더십 역량 부족에 있는 것 같습니다. 현재 팀장들이 밀레니얼 세대와의 소통을 힘들어하고 코칭하는 방법을 잘 몰라 어려워하고 있습니다. 그래서 이번에 리더십 교육을 3개월 프로젝트로 기획하여 교육받은 내용을 현업에 적용하는 방법으로 교육을 진행해보고 싶습니다."

"김 팀장의 의견은 좋지만 회사 인력이 작년보다 많이 축소되어 팀장들이 자신이 맡은 일을 하기도 바쁜데 리더십 교육받을 시간이 있을까요? 그리고 지금 회사 자금 사정도 안 좋은데 리더십에 비용을 투자하기가 쉽지 않을 것 같아요."

"저는 그래서 리더십 교육이 더욱 시급하다고 생각됩니다. 최근 젊은 직원들은 팀장에게 구체적인 피드백을 원하고, 자신의 성장과 관련된 일을 하고 싶어 하는데 이에 대한 팀장의 리더십 역량은 많이 부족한 상태입니다.

또한, 현재 직장 내 괴롭힘과 갑질 이슈도 있어 젊은 친구들이 느끼기에 표현을 거칠게 하거나 과격한 팀장들을 윤리위원회에 제보하는 상황이 생길까 봐 우려도 됩니다."

"김 팀장의 말이 무슨 뜻인지는 알겠고 충분히 공감은 되지만 지금 회사 사정이 어렵고 다들 사람 없다고 난리인데 그 바쁜 팀장들 모아 놓고 며칠씩 교육한다고 하면 어느 부서에서 좋아하겠어요. 가뜩이나 일도 많은 팀장들인데. 현시점에서는 교육을 위해서 따로 예산을 쓰는 것이 어렵고 사람들을 모으기도 쉽지 않다고 생각이 돼요. 고민은 해보겠지만 시기를 좀 늦추거나 좀 더 현실적인 대안을 가져와 보세요. 예를 들어 교육을 대회의실에서 특강 2~3시간으로 하는 것도 좋은 방법이지 않겠어요?"

"상무님 의견도 맞는 말씀입니다만 일회성 특강으로는 교육 효과를 내기가 쉽지는 않습니다. 회사가 힘들 때일수록 오히려 리더(팀장)들의 역량을 향상해 조직의 성장을 도모해야 하지 않나 생각이 됩니다."

"김 팀장의 말은 이해되는데 회사 사정이 여의치 않으니 추후 논의하는 것으로 하고 이번은 특강으로 진행했으면 좋겠어요."

회사가 어려울수록 교육을 더 강화하여 역량을 키워나가야 한다고 생각하는데 임원과의 생각이 달라 답답합니다. 어떻게 하면 임원에게 품의를 잘 받을 수 있을까요?

💬 이럴 땐 이렇게 해보세요

보고는 자신이 하고 싶은 말이 아니라 상사가 듣고 싶은 말을 해야 합니다. 하지만 대부분의 부하 직원은 자신이 무엇을 하고 싶은지, 무엇을 해야 하는지에 관해 설명하는 식으로 상사에게 보고를 많이 합니다. 그러나 보고를 받는 상사는 그것을 했을 때 무엇이 좋아지는지 명확한 성과와 구체적인 결과를 알고 싶어 합니다.

그래서 상사는 늘 요점을 추려서 핵심과 결론을 먼저 말하는 두괄식 표현을 부하 직원들에게 요구하게 됩니다. 우리는 글을 쓸 때 '기승전결'이라는 순서에 과도하게 집착하는데요, 상사에게 보고할 때는 결론을 먼저 말하는

'결승전'의 순서가 더 유리합니다. 그리고 결론의 경우도 추상적인 표현보다는 "○○○억 원이 절감됩니다."처럼 명확한 수치를 제시하는 것을 참고하시기 바랍니다.

상사를 설득하려면 먼저 상사의 관점에서 보고를 할 수 있어야 합니다. 그러기 위해서는 보고를 받는 상사의 관심이 어디에 있고 최근에 어떤 일이 조직에 일어났는지를 보고자는 이해하고 있어야 합니다. 만약 최근 분기 마감을 한 상태이고 실적이 나빠져서 인건비가 늘었다는 보고를 상사가 받았다면, 무작정 신규 채용이 필요하다고 보고를 하기보다는 신규 충원 후 인력관리 방안 및 계획까지 함께 보고해야 승인을 받을 확률이 높아지게 됩니다.

'보고 감각을 키운다'는 것은 보고자의 자기중심성에서 벗어나 상사의 관점에서 고민하고 방안을 찾는 것을 말합니다. 상사에게 보고를 준비할 때는 아래 사항을 참고해보시기 바랍니다.

첫째, 최근 상사가 가장 크게 고민하는 것이 무엇인지 확인합니다. 그리고 이 고민을 해결하기 위한 대의명분을 생각해봅니다.

둘째, 보고 후 상사가 내릴 결론과 그에 대한 나의 대응책을 준비합니다. 결론을 내기 전 예상 질문과 이에 대한 답변과 추가 근거자료를 준비합니다.

셋째, 회사의 경영철학, 임원 경영회의록, CEO 지시 사항에 관련 내용이 있다면 함께 언급합니다. 특히나 회사의 핵심가치는 의사결정에 있어서 좋은 판단 준거가 됩니다.

넷째, 상사에게 보고할 때는 다음 그림과 같은 '두근대' 원칙에 따라 내용을 보고합니다.

| 핵심 사항을 명확하게 구체적으로 보고하기 : 두! 근! 대! |

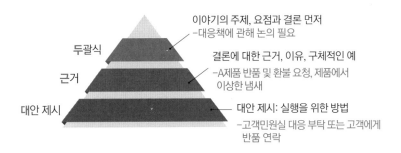

두괄식 — 이야기의 주제, 요점과 결론 먼저
–대응책에 관해 논의 필요

근거 — 결론에 대한 근거, 이유, 구체적인 예
–A제품 반품 및 환불 요청, 제품에서 이상한 냄새

대안 제시 — 대안 제시: 실행을 위한 방법
–고객민원실 대응 부탁 또는 고객에게 반품 연락

침묵으로 일관하는 팀원의 의견을 끌어내는 방법

젊은 세대에 대한 이해가 힘들다는 건 어제오늘의 일이 아닙니다. 한 마디로 세대 간의 이해는 노력으로 풀어가야 하는 문제입니다. 젊은 세대를 비난하기에 앞서 최대한 이해하고자 하는 노력부터 해보면 어떨까요? 팀 회의 시 팀원들이 자신의 의견을 말하지 않아 답답한 상황이라면 회의 시간을 다음과 같이 점검해봅시다.

EPISODE.

영업팀을 맡고 있는 팀장은 회의만 하면 팀원들에게 불만이 생깁니다. 팀원들에게 안건을 제시하라고 해도 꿀 먹은 벙어리처럼 대답을 하지 않고 팀장의 눈을 피하기 바쁩니다.

강 팀장: "하반기 영업전략 회의를 지금부터 시작하겠습니다. 상반기 영업실적이 너무 저조해서 뭔가 획기적인 계획이 필요할 것 같은데, 다들 좋은 의견 있으면 편하게 이야기해

나는 (   ) 팀장이다

보세요."

황 팀원 : "상반기는 시장상황이 너무 좋지 않아 매출이 저조했지
만 하반기에는 물량이 좀 나올 것으로 저는 기대를 하고
있습니다."

강 팀장 : "그런 이야기 말고 우리가 별도로 노력해볼만한 것은 없
을까요?"

황 팀원 : "네, 딱히 다른 아이디어는 없습니다."

강 팀장 : "다른 분들은요?"

박 팀원 : "혹시 팀장님께서 생각하시는 전략이 있으면 알려주셔도
좋을 것 같습니다."

강 팀장 : "내 생각보다 여러분의 생각이 저는 궁금합니다. 박 팀원
은 의견 없어요?"

박 팀원 : "네, 실적보고 준비를 하느라 너무 바빠서 전략에 대해서
생각을 해보지 못했습니다. 죄송합니다."

강 팀장 : "제가 일주일 전에 영업전략 회의를 한다고 공지를 했는
데 어떻게 의견 하나가 없나요? 다른 분들은 의견 없으
세요?"

팀원들 : "…"

강 팀장 : "아무리 바쁘다고 해도 자기일인데 하반기에 어떻게 매
출을 낼지 고민한번 해보지 않았다는 게 저는 이해가 되
지 않네요."

팀원들 : "죄송합니다."

강 팀장 : "3일 뒤에 다시 회의를 할테니 그때까지 모두 하반기 영

업 전략과 관련 의견 2개씩 가지고 참석하시기 바랍
니다. 그리고 일에 대한 주인의식을 좀 가졌으면 좋겠
어요."

팀원들 : "네…."

회의를 해도 좋은 아이디어나 의견이 나오지 않고 팀장의 지시만
기다리는 팀원들을 보면 답답합니다. 어떻게 해야 팀원들이 자신의
의견을 적극적으로 끌어내고 토의할 수 있게 할 수 있을까요?

단순히 팀원에게 의견을 제시하라고 강요만 해서는 절대 자율적
이고 창의적인 의견이 나오지 않습니다. 다양한 아이디어를 창출
하기 위해서는 먼저 부하 직원들이 자유롭게 이야기할 수 있는
분위기가 조성되어야 합니다. 부하 직원들이 의견을 적극적으로 끌어내기 위
한 방법으로 다음을 참고하시기 바랍니다.

먼저 회의에 대한 퍼실리테이터를 임명합니다. 회의를 주관하는 팀장이 회
의를 진행하면 팀장 중심으로 회의가 진행될 수밖에 없습니다. 그래서 팀장
은 지원자 역할로 회의 주제 선정 및 최종안에 대한 의사결정, 결정된 사항에
대한 실행 지원을 담당하고 진행은 진행자를 별도로 임명하는 것이 효과적입
니다.

진행자는 퍼실리테이터의 역할로 중립적인 입장에서 참석자들이 자유롭게

의견을 낼 수 있도록 독려하고 회의가 원활하게 진행될 수 있도록 돕는 역할을 합니다. 하지만, 퍼실리테이터 역할을 장난처럼 막내 팀원에게 맡긴다든지 하는 것은 오히려 역효과를 낼 수 있습니다.

두 번째, 사전에 회의 주제를 공유하고 개인 의견을 준비하게 합니다. 회의 참석자에게 토의 및 회의 주제를 3일 전에 공지하고 미리 생각할 시간을 준 뒤 1~2개의 의견을 가지고 회의에 참석하게 하면 조금 더 다양한 의견을 나누고 토의할 수 있습니다.

이때 주의할 점은 토론이 아닌 토의를 하는 것입니다. 토론은 특정 주제에 대해서 찬반양론으로 나뉘어 서로가 옳음을 관철하는 과정입니다. 하지만, 토의는 각자의 의견을 내놓고 하나의 의견으로 합치해 가는 과정입니다.

세 번째, 팀장 자신의 의견을 처음부터 말하지 않습니다. 팀원들은 팀장의 의견에 눈치를 볼 수밖에 없습니다. 그래서 처음부터 팀장이 의견을 낸다면 다른 팀원들은 수동적으로 팀장의 의견에 동참할 가능성이 크기 때문에 팀장은 의견이 있다고 하더라도 제일 마지막에 말하는 것이 좋습니다. 혹은 팀장은 잠시 나가 있는 것도 좋은 방법입니다. 팀장이 같이 있지 않을 때 팀원들의 창의성은 더 많이 발현될 수도 있기 때문입니다.

네 번째, 브레인스토밍보다는 브레인라이팅을 합니다. 브레인스토밍 훈련이 많이 된 조직은 의견을 내는 것이 자유롭지만 그렇지 못한 조직은 브레인스토밍으로 자유롭게 이야기를 하라고 하면 의견이 다양하게 나오기보다는 오히려 나온 의견에 대한 논쟁과 비판으로 시간을 보내는 일이 많습니다. 그래서 자유롭게 이야기하는 방식보다 접착 메모지에 자신의 의견을 1~3개씩 써서 돌아가며 이야기하고, 나온 내용에 자신의 의견을 추가하는 방식으로 아이디어를 도출하는 것이 더 효과적입니다.

다섯 번째, 비난하는 말과 평가하는 말을 하지 않습니다. 자기 생각과 다른 의견이 나왔을 때 이를 비난하거나 평가하는 발언을 한다면 팀원들은 자유롭게 의견을 내기 어려울 것입니다. 일단 타인의 의견은 존중하되, 본인의 의견을 더하도록 분위기를 조성해야 합니다.

효율적인 회의를 진행하기 위해서는 명확한 프로세스와 가이드가 필요합니다. 다음 페이지의 회의 운영 가이드(DIET)를 참고하여 우리 팀의 회의문화를 개선해보시기 바랍니다.

단계	설명	비중
정의 단계 (Define)	**의제를 명확히 한다(Define Agenda).** **회의의 목적과 목표를 명확하게 정하고 공유한다.** • 공지 시 목적과 목표를 명확하게 정하여 공지한다. • 회의를 시작할 때 의장은 본 회의를 왜 하는지 알린다(목적). **'무엇을 하고 싶은지(목표)?'를 명확히 설명하고 퍼실리테이터는 이를 화이트보드에 기록해둔다.** • 회의를 종료할 때 의장은 본 회의의 목적과 목표를 달성했는지에 대해서 점검한다. **회의를 통해 다루어야 할 부분과 다루지 않거나 후에 다루어야 할 부분을 구별해야 한다.** • 한 회의에서 토론해야 하는 안건은 3개를 넘지 않도록 한다.	10%
설명 단계 (Inform)	**이슈와 근본 원인을 설명한다(Inform about Agenda & Issue).** • 논의해야 할 주요 이슈에 대해서 간략하게 설명한다. • 안건별로 3분 이내에서 간략하게 현상과 파악된 근본 원인을 설명한다. • 안건에 관해 설명 후 논의할 주제를 공지한다.	10%

단계	설명	비중
탐색 단계 (Explore)	**대안을 탐색한다**(Explore Alternative). • 아이디어를 도출하는 단계이므로 아이디어의 한계나 장애 요인보다는 가능성과 효과에 더 중점을 두어 진행한다. • 가능한 한 많은 아이디어를 수용하되 회의의 목표를 벗어나지 않도록 주의해야 한다.	70%
결정 단계 (T3 Setting)	**목표, 기한, 담당을 명확히 한다**(Target, Time, Those Setting). • 시급성, 중요성, 실현 가능성, 경제적 비용 규모 등 유의미한 기준을 설정하여 아이디어를 평가 및 정리한다. • 회의 참여자들의 참여를 유도하기 위해 실행 계획의 내용, 담당, 기한을 명확히 한다. • 회의록은 화이트보드는 사진을 기록하여 공유하고 실행계획서를 작성하여 회의 종료 후 24시간 이내에 참석자와 회의 내용의 이해관계자(미참석자 포함)들에게 공지한다.	10%

상사의 모호한 지시를 구체화하는 법

늘 불명확한 지시를 내리는 상사가 있습니다. 처음부터 일을 명확히 지시하였으면 일을 두 번 하지 않을 텐데 말입니다. 이런 경우 어떻게 해야 시행착오 없이 만족할만한 결과를 낼 수 있을까요?

EPISODE.

김 팀장은 매번 본부장님의 업무 지시를 명확히 해석하지 못해 어려움을 겪고 있습니다. 이번에도 경쟁사 동향을 파악해서 보고하라는 본부장님의 업무지시를 받고 경쟁사 3곳의 신상품 분석을 해서 보고를 하였는데 본부장님의 표정이 좋지가 않습니다.

"김 팀장, 이게 뭔가요? 제가 분명 경쟁사 동향을 파악해서 보고하라고 요청을 한 것으로 기억하는데, 왜 경쟁사의 신상품을 분석해서 보고하나요? 이것은 내가 시킨 일이 아니지 않습니까?"

"본부장님께서 경쟁사 동향을 파악해보라고 하시기에 저는 당연히 경쟁사의 최근 상품이 무엇인지 물어보시는 줄 알고 신상품을 분석해보았습니다."

"아니 김 팀장, 나의 업무 지시를 명확히 이해 못 하였으면 물어봐야 할 것 아닙니까? 그냥 이렇게 매번 자기 생각대로 일해오면 어떻게 합니까? 내가 시킨 일은 경쟁사 신상품 분석이 아니라 최근 경쟁사의 마케팅 전략과 고객서비스 전략에 대해 알아보라는 것이었습니다. 왜 매번 일을 2번씩 합니까 답답하게. 2일 안에 다시 준비해서 보고하세요!"

"네, 본부장님. 2일 안에 다시 보고드리겠습니다. 죄송합니다."

(본인이 처음부터 일을 명확히 지시하면 될 것 아닌가. 왜 모호하게 지시해놓고 매번 나만 탓하는지 모르겠네.)

💬 이럴 땐 이렇게 해보세요

 많은 팀장이 상사가 모호한 지시를 내리더라도 그냥 자기 뜻대로 해석하고 업무를 진행하여 상사의 지시와 어긋나는 업무를 할 때가 많습니다. 상사가 업무를 지시할 때 모든 그림을 명확히 그린 후 지시를 하지 못합니다. 큰 방향만 세운 후 지시를 하는 경우가 더 많아서 팀장은 임원의 지시를 정확히 알아듣지 못했으면 적극적으로 모호한 지시를 구체화하는 노력을 통해 상사가 원하는 결과물을 만들 수 있어야 합니다. 그러기 위해서는 다음과 같이 해보시기 바랍니다.

첫째, 빠른 초안 보고를 통해 상사와 방향 맞추기를 합니다. 사실 상사도 무엇을 어떻게 해야 할지 모르는 상태에서 무작정 팀장을 불러 업무를 지시하는 때도 많습니다. 만약 상사가 명확한 방향을 잡지 못하고 업무를 지시할 때 그 자리에서 업무 방향을 명확히 알려달라고 한다면 상사는 오히려 당황하게 되어 팀장의 무능을 질책할 수도 있습니다. 상사가 큰 방향만 가지고 업무 지시를 내릴 때는 업무 의도를 그 자리에서 파악하기가 쉽지는 않습니다. 이럴 때는 대략적이라도 가안(업무 배경과 목표, 예상 결과물, 업무에 필요한 사항)을 한 장의 보고서로 만들어 초안 보고를 하면 상사와 업무 방향을 구체화해볼 수 있습니다. 업무 방향을 맞춘다는 것은 '왜'하는지, '무엇'을 해야 하는지, '어떤 방법'으로 진행해야 하는지를 합의하는 것입니다.

둘째, 질문을 통해 상사의 지시를 구체화합니다. 잘 알아듣지 못했으면 물어봐야 하는데 대부분의 팀장은 상사에게 질문하는 것을 어려워합니다. 그래서 지시를 받고 일단 자리로 돌아와, 되든 안 되든 일을 일단 시작하는 경우가 많습니다.

상사의 지시를 이해하지 못하였으면 적극적으로 물어보고 상사의 지시에 대해 이해한 다음 구체화할 수 있어야 합니다. 업무의 목적과 목표, 달성기한, 필요 자원 등을 상사에게 질문하여 업무를 구체화하고 명확히 할 수 있어야 합니다. 도로시 리즈(Dorothy Leeds)는 자신의 저서 《질문의 7가지 힘》에서 질문은 상대에게서 '1) 답을 얻을 수 있고 2) 생각을 자극하며 3) 정보를 얻을 수 있고 4) 통제가 가능하며 5) 상대의 마음을 열게 해주고 6) 귀를 기울이게 하며 7) 질문에 답하면서 스스로 설득되게 할 수 있다'고 합니다. 질문을 통해 상사의 지시를 구체화하는 습관을 기르시기 바랍니다.

셋째, 상사의 업무 지시를 전략적 관점에서 파악합니다. 임원은 운영 측면

나는 (   ) 팀장이다

보다 사업적 측면에서 고민하고 업무를 지시하기 때문에 팀장도 사업의 전략적 관점에서 업무를 바라봐야 임원과 눈높이를 맞출 수 있습니다. 임원의 업무지시 의도는 대부분 사업의 목적을 달성하고 성과를 내는 것으로 귀결이 됩니다. 따라서 임원의 업무지시 배경을 효과적으로 이해하기 위해서는 평소에 자사와 경쟁사, 고객, 시장 등의 전략적 요소를 충분히 분석하면서 사업 전반에 영향을 미치는 외적 및 내적인 요인들을 파악하고 있어야 합니다.

N I N E

T E A M

L E A D E R S H I P

PART 8

나는 (정공법을 택하는) 팀장이다

업무를 다르게 요구하는
두 상사에 대처하는 방법

'고래 싸움에 새우 등 터진다'라는 말이 있습니다. 조직에 이 말을 적용해보면 팀원 개인의 이익을 위한 싸움에서 결국 회사의 실적이나 미래와 같은 중요한 요소들에 치명적인 악영향을 끼치게 되는 것을 생각해 볼 수 있습니다. 너무나도 비일비재하게 일어나는 이런 문제, 어떻게 바라보고 대처하면 좋을까요?

EPISODE.

대형 고객사를 상대로 수많은 제안 작업을 하는 영업본부는 상무와 팀장의 체계로 이루어져 있습니다. 하지만, 한 상무의 위로 새로운 본부장인 이 전무가 외부에서 영입되어 오면서 분위기가 달라지기 시작하였습니다. 한 상무는 본부장인 이 전무가 자신의 출세를 가로막는 방해물이라 생각하고 있습니다.

이 전무는 좋은 성과로 경영층의 신뢰를 더욱더 쌓아갔으며, 이와 반대로 상무는 의식적으로 전무와 사사건건 대립하는 구도를 형성하였고, 이에 따른 구설수로 경영층의 눈 밖에 나기 시작했습니다.

그러던 중, 아주 중요한 제안 프로젝트가 시작되었고, 상무는 팀장에게 '반드시 수주하라'는 압박을 하였습니다. 그런데 문제는 아직 검증되지 않은 솔루션을 제안에 포함하라는 것이었습니다. 신규 개발 중인 솔루션이라 아직 충분히 안정성에 대해서 테스트가 완료되지 않았는데도 말입니다.

"상무님, 말씀하신 솔루션은 아직 테스트 중이라 안정성에서 문제가 될 수 있다고 생각합니다. 이미 본부 회의에서 전무님의 지시로 이번 프로젝트의 준비에 관해서 결정이 났는데, 아직 검증이 안 된 솔루션으로 제안을 하는 것은 무리인 것 같습니다만….."

"이봐, 이번 프로젝트의 클라이언트는 우리와 오래도록 거래한 곳 아닌가? 그러니 우리가 제일 잘 안단 말이지. 그런데 왜 갑자기 영입된 전무의 지시대로만 해야 하나? 문제가 생기면 다 내가 수습할 수 있어. 일단 우리 힘으로 수주만 하면 그다음에는 어떻게 해서든 밀고 나가면 돼. 전무가 지시한 방식으로 과연 수주할 수 있을까? 내가 시키는 대로만 해. 알았지?"

"(속마음) 상무가 너무 본부장을 적으로 여기는 것 같은데…. 이번 프로젝트마저 실패하면 임원에서 물러나게 될까 봐 안절부절못하는 것은 이해하지만, 괜히 나까지 휘말리면 골치 아픈데….."

우선 사내 정치라는 주제에 대해 구체적으로 살펴보기에 앞서 이 번 파트에서의 사내 정치의 관점부터 이야기하겠습니다. 여기에 서 사내 정치란 '기업의 목표를 달성하기 위해서 기업의 자원을 효율적으로 동원하고, 조직 내부의 여러 가지 이해관계를 조정하며, 조직 질 서를 바로잡는 역할을 하는' 의미의 관점에서 생각해봅니다.

흔히 사내 정치는 분명히 존재하며, 본인도 그 피해자라고 생각을 많이 합 니다. 그리고 조직의 고위직으로 승진해서 일하기 위해서는 사내 정치가 필수 라고도 이야기합니다. 사내 정치란 단어 속에는 긍정적이고 공식적인 느낌보 다는 비공식적 혹은 불법적이고 매우 부정적인 느낌이 많습니다.

왜 이렇게 되었을까요? 혹시 조직에서 경쟁자를 제거하기 위해 펼쳤던 권 모술수나 승진을 위한 여러 가지 비공식적인 활동을 미화하기 위해 사내 정 치란 용어를 사용했기 때문은 아닐까요?

《표준국어대사전》을 보면 정치는 "국가의 권력을 획득하고 유지하며 행 사하는 활동으로, 국민이 인간다운 삶을 영위하게 하고 상호 간의 이해를 조 정하며, 사회 질서를 바로잡는 따위의 역할을 한다."라고 나와 있습니다. 언 제부터인가 정치, 특히 사내 정치를 굉장히 안 좋은 의미로 사용하기 시작했 던 것 같습니다.

여기서 다루는 사내 정치는 권모술수를 이용하여 경쟁자를 제거하고 불 법적으로 조직의 권력을 쟁취하고자 하는 목적의 사내 정치가 아닙니다. '기 업의 목표를 달성하기 위해서 기업의 자원을 효율적으로 동원하고, 조직 내 부의 여러 가지 이해관계를 조정하며, 조직 질서를 바로잡는 역할을 하는' 의미로서의 사내 정치에 대해 살펴보겠습니다.

상황 대처법 ①: 당장 눈앞의 실적을 위해서 미래의 위험을 감수하는 것은 조직의 입장에서 매우 적절치 않습니다. 더구나 최고 경영층의 결정이 아니라 임원 한 사람의 독단적인 판단 때문에 위험을 감수하는 것은 조직의 입장에서는 아주 위험한 선택입니다.

여기서 단지 '상무가 지시한다'라고 그대로 따르면 안 됩니다. 상무를 설득하거나, 그게 안 된다면 공론화를 통해 전무, 상무, 팀장이 모두 모여 수주를 위한 전략에 대해 다시 점검하는 자리를 만드는 것이 실무를 담당하는 팀장의 역할입니다. 특히나 안정성이 검증되지 않은 솔루션이라면 개발팀의 관점에서 문제를 제기하는 등 이슈화하여 재논의를 해야 합니다.

상황 대처법 ②: 사내 정치로 인해 상무가 선택한 방식을 택했을 때 반드시 전무에게 변경된 방식을 보고해야 합니다. 보고와 공유가 없이 선택한 방법은 결과가 좋더라도 문제가 됩니다. 결과가 나쁘면 상무가 책임을 져야 하고, 결과가 좋아도 전무를 무시하고 독단적으로 수행한 것으로 감정을 상하게 합니다. 이 경우 상무와 팀장 모두 피해자가 될 수 있기 때문입니다.

상황 대처법 ③: 팀장은 반드시 정공법을 택해야 합니다. 정공법이란 무엇일까요? 특정 부서, 특정 중역을 위해서가 아닌 회사 전체의 사업목표 달성을 위해서 공식적인 절차로 일하는 것을 정공법이라고 말할 수 있습니다. 의사결정 시 정공법이 아닌 소수의 이익을 위한 판단을 한다면 지금 당장은 넘어갈 수 있겠지만 언젠가는 반드시 문제가 됩니다. 특히 지나친 욕심은 화를 부르기 쉽습니다. 다시 말해 정확한 판단을 하지 못하게 됩니다.

상무가 제시한 대안이 반드시 옳다고 할 수는 없으며, 조직 내의 권력 투쟁을 위한 욕심으로 인하여 지나친 무리를 하는 것으로 보입니다. 이때 팀장은 반드시 사안을 객관적으로 보고 이 문제를 정공법으로 풀어가야 합니다. 상무님께, 전무님께 직접 의견을 말씀드리고, 그래도 풀리지 않으면 더 상위의 경영층을 통해서라도 반드시 공식적인 절차를 따라서 문제를 풀어가야 합니다. 당장에는 그냥 넘어갈 수 있을지도 모르지만, 부정적인 결과가 나오면 결국 팀장은 '왜 이런 위험성을 알았으면서도 의견을 내지 않았느냐'는 질책을 받게 될 수 있음을 기억하세요.

마지막으로 사내 정치에 대해 좀 더 추가적인 말씀을 드리고 싶습니다.

먼저 사내 정치는 필연적으로 생길 수밖에 없는 일임을 늘 떠올리세요. 앞서 말씀드렸지만, 경쟁자를 제거하거나 조직 내의 권력을 쟁취하기 위한 음모는 권모술수와는 다릅니다. 수주하는 방법의 고민으로 보이지만, 결국 상무가 전무를 제거하고 본인이 승진하고 싶은 마음에서 나쁜 의미의 사내 정치를 벌이는 것이 위의 사례입니다.

다음으로 사내 정치는 선택의 문제가 아니라 공정한 절차(정공법)의 문제임을 인식합니다. 앞서 살펴본 사례에서 자칫하면 '전무의 지시를 따라야 하나, 상무의 지시를 따라야 하나'로 고민하기 쉽습니다. 하지만 이는 두 선택지 사이에서 선택을 해야 하는 문제가 아닙니다. 위험성을 내포하고 있는 선택지가 있음에도, 과연 이를 팀장이 따라야 할까요? 그런 위험성이 있다면 공론화를 통한 논의가 필요합니다.

마지막으로 조직 전체의 목표·가치와 부합하는 해결책을 선택해야 합니다. 팀장은 회사 일을 하는 사람입니다. 회사의 관점에서 일을 봐야 하는데, 여기에 주관적인 욕심이 개입되면 판단을 그르치게 되기 쉽습니다. 개인 차원의 사익보다는 어떤 솔루션이 조직의 핵심 가치나 목표에 부합하는지 판단할 수 있는 객관적인 시야를 유지하는 것은 아주 중요합니다. 개인의 사익인지 혹은 회사에 도움이 되는 일인지 정도는 본인이 알 수 있습니다. 늘 자신의 마음을 객관화하고자 하는 노력이야말로 팀장의 필수 덕목이라 하겠습니다.

상사의 지나친 요구에
대응하는 법

속된 말로 '재주는 곰이 부리는데, 돈은 남의 주머니로 들어간다'라는 것이 있습니다. 본인의 안위를 위해 보고서를 특별히 잘 써달라는 상사의 요청, 과연 어디까지 받아들여야 하는 걸까요? 보고서에는 실제와는 다른 상황과 내용을 넣어야 한다면 말입니다.

> **EPISODE.**
> 재계에서 상위권에 있는 모그룹. 그 그룹사에서는 여러 계열사가 있습니다. 매년 봄에는 계열사별로 사업 계획을 그룹의 오너 회장에게 보고하는 사업 회의가 개최되는데, 이는 사장단들에게는 오너 회장에서 잘 보일 수 있는 절호의 기회이기도 합니다.

여기서 신임을 얻지 못하면 결국 한직으로 물러나거나 심지어 퇴직하게 될 수도 있습니다. 그러므로 각 계열사의 사장들은 사업 회의에서 잘 보이기 수단과 방법을 가리지 않는 것이 현실입니다. 그중

나는 ( ) 팀장이다

한 계열사의 사장은 핵심 계열사로의 이동을 희망하고 있습니다. 그 래서 사업회의 준비를 사장이 신임하는 한 전무에게 맡겼고, 전무는 다시 그 실무를 본인이 신임하는 백 팀장에게 맡기려고 합니다.

그 팀은 각종 프로젝트로 아주 바쁜 상황입니다. 그런데, 사업회의 자료는 회사의 현황 보고가 주가 되어야 하나 언제부터인가 미래 전망이 주가 되었기 때문에 작성하는데 상당한 어려움이 따릅니다. 더 구나 전무는 확정되지 않은 해외 수주 실적까지 넣어서 미래 실적을 부풀리라는 세부 주문까지 합니다.

"김 팀장, 이번에 남미 쪽에서 수주 추진 중인 SA-프로젝트 말이 야. 이 내용을 추가하면 정말 멋질 것 같은데? 잘 좀 부풀려봐, 우리 사장님이 열심히 일구신 실적이니 말이야."

"전무님, 그런데 그 프로젝트는 아직 불확실성이 크지 않습니까? 그 나라 정치 상황이 좋지 않아서 최소한 내년 대통령 선거 이후나 되어야 입찰을 추진할 가능성이 큰데요."

"이봐, 그래도 사장님이 추진하신 일인데, 회장님께 보고해야 하지 않겠나? 사장님이 잘되면 결국 우리 회사와 우리가 모두 좋은 거 아 닌가?"

'(속마음) 승진 욕심에 아직 확정도 되지 않은 일에 대해서 김칫국 부터 마시는 것 같은데? 어떻게 이걸 보고 자료에 넣으란 말이지? 가 뜩이나 다른 프로젝트로도 바쁜데, 못한다고 해야 하나?'

팀장은 상사가 시키는 일에 대해 정치라는 생각을 버려야 합니다. 앞서 살펴본 사례와 같은 상황이 생기면 일단 사업회의 자료를 만들기 위해 객관적인 시각으로 보고서를 최대한 적극적으로 작성합니다.

조직에서 나의 고객은 상사입니다. 보통 고객(Client, Customer)이라고 표현할 때는 외부에 있는 대상이라고 생각하기 쉬우나 팀장의 입장에서는 조직의 상사(임원)도 중요한 고객입니다. 고객이 만족하는 일을 해야 하고 성과를 내야 하기 때문입니다.

즉, 나의 고객이 요구하고 관심이 있는 일을 보좌하는 것이 나의 역할입니다. 사업회의 자료는 상사의 관심 사항이기도 하지만 내가 속한 사업부서와 회사를 대표하기도 합니다. 그러니 이러한 시각에서만 보고서를 작성하세요.

지나치게 부풀리거나 확실하지 않은 내용을 보고서에 담으라는 지시가 있을 때는 사실만을 담도록 하는 것이 모든 보고서 작성의 기본 원칙입니다. 하지만, 위의 상황처럼 단순 데이터 보고가 목적이 아닌 경우에는, 사실과 추정을 모두 넣어 자료를 작성하되 사실과 추정을 분명히 구분지어 작성하는 것이 좋겠습니다. 다만, 윗사람에게 거슬리지 않도록 최대한 논리 구성(혹은 보고서의 스토리텔링 등)이 필요합니다.

다음으로 상사의 목표가 무엇인지 파악합니다. 보통 발표자가 의도한 대로 발표를 위해 자료를 변경하라고 하면 실무 팀장이 싫은 눈치를 보이는 경우가 많습니다. 결코, 그렇게 해서는 안 됩니다. 먼저 발표자의 의도를 정확히 파악하는 것이 필요합니다. 발표자가 경영층으로서 강조하고 싶은 부분이 있고, 그 내용은 오너 회장의 관심 사항인 경우가 많기 때문입니다. 상사가 조직에서 어떤 목표를 가지고 있는지 안다면 상사 보좌를 하면서 매우 유리합니다. 특정 분야의 전문가가 되기 위해서 학업과 연구에 관심을 두는 상사인지, 조직의 윗자리로 승진하려는 야망을 품고 있는 상사인지, 그냥 가늘고 길게 조직 생활을 하려는 목표가 있는 상사인지 파악을 하면 팀장의 고객으로서의 상사가 무엇을 더 원하는지 알 수 있을 것입니다.

마지막으로 역지사지의 관점이 필요합니다. 사업회의 자료를 사장님 시각에서 생각해봅니다. '내가 사장이라면 어떤 보고를 받고 싶은지'에 대해 생각하고 작성하세요. 그리고 직접 발표해 보세요.

발표자의 의도를 반영한 자료를 작성해야 합니다. 팀장의 관점에서 단순 사실을 보고하는 자료가 아니라면, 발표자(사장)가 어떤 메시지를 주려고 하는지 생각해보고 이에 맞는 자료를 만들어야 합니다. 거짓인 내용을 보고서에 담으면 안 되겠지만, 구성의 변화 등을 통해 충분히 메시지 전달은 가능할 것입니다.

그리고, 오너 회장 관점에서의 예상 질문리스트를 준비하여 사장과 같이 질의응답 롤 플레이(Role Play)를 준비하는 것도 좋습니다. 무엇보다도 성공적인 발표가 되도록 지원하는 것이 팀장의 역할임을 명심하기 바랍니다.

입장 차이가 다른 팀과의 업무 조율법

창립 멤버, 중견 사원, 신규 임원, 신입 사원 등 조직 내에는 다양한 상황의 인력이 있습니다. 이런 여러 가지 상황과 배경이 다른 인력이 모여 성과를 내야 합니다. 이럴 때 소위 말하는 '텃세를 부리는 이들'이 생길 수도 있고 신규 인력이 지위를 이용해 그동안 쌓아온 가치를 무너뜨리는 일들도 생깁니다. 그렇다면 어떤 관점으로 업무를 바라보아야 가장 바람직할까요?

EPISODE.

'장인 정신의 표상', '방망이 깎던 노인의 환생' 이는 모두 이 팀장의 별칭입니다. 이 팀장은 ○○ 기업에서 엔지니어링팀을 담당하고 있습니다. 고객사에 해당 분야의 컨설팅을 제공하는 업무입니다. 별칭에서 알 수 있는 것처럼 컨설팅의 품질을 최고의 가치라고 생각하며 고객사에 최고의 성과물을 제공하기 위해 온 힘을 다합니다. 반면 영업팀은 엔지니어링팀과 다르게 신규 고객사와의 계약 건수, 매출액 등 숫자로 바로바로 나타나는 KPI를 가지고 있습니다. 특히 경영층이 단기 실적에 집중하는 경향이 있어서 매번 실적 추궁을 당합니다.

상황이 이러다 보니 사사건건 영업팀장과 트러블이 발생합니다. 품질과 매출이라는 두 마리 토끼를 동시에 잡기가 쉽지 않기 때문입니다. 결국, 영업팀장이 이 팀장의 상사인 상무를 통해 품질보다 매출 우선에 협조하라는 압박을 합니다. '성과물의 품질이 제일 중요하다'는 이야기를 했다가 오히려 회사의 매출 증가에 도움이 안 된다는 질책까지 받았습니다. 영업팀장과 상무는 예전 같은 팀에서 일하였고, 반면 이 팀장은 외부 영입 인력이라 그런 것 같아 더 속상합니다.

🗨 이럴 땐 이렇게 해보세요

이 팀장은 좀 더 조직 전체의 목표를 생각해야 합니다. 결국 고객에게 전달되는 것은 우리 회사 전체의 모습입니다. 품질은 물론 중요한 가치지만, 납기, 고객 만족 등 다른 가치들도 그만큼 중요합니다. 즉 모든 가치의 최적화가 중요합니다. 그리고 매출은 타이밍이 중요하기 때문에 때를 놓치면 기업의 존재마저 위태로워질 수 있습니다. 이런 속성을 이해하는 것이 팀장이 해야 할 첫 번째 활동입니다.

모든 팀은 KPI가 각각 다릅니다. 어떤 팀은 품질(Quality)이 최고의 KPI지만, 어떤 팀은 수량 혹은 양(Quanity)이 제일의 KPI입니다. 물론 조직 전체의 관점에서 보자면 두 팀의 목표와 다른 팀들의 목표 총합이 회사 전체의 목표가 될 것입니다. 하지만, 여러 목표의 단순 합이 아니라, 이들 목표 간의 적절한 조화가 필요합니다. 위의 사례에서는 '질과 양의 적절한 조화'가 필요합니다. 조화는 여러 가지 상황과 조건에 따라 달라질 것이며, 이 조화를 제어하는 것이 회사 경영의 중요한 부분입니다.

다음으로 자신의 전문성을 어필해봅니다. 품질이 기준치 이하인데 무조건 고객에게 납품하는 형태도 적절하지 않습니다. 품질 문제는 정치적으로 해결할 수 없습니다. 품질 문제가 발생할 때 기존 고객을 잃을 수도 있고, 소비자의 불매 운동이 생길 수도 있다는 상황을 모든 이해관계자들에게 명확하게 인식시켜야 합니다.

모함을 극복하는 것은 오직 전문성과 정공법임을 인식합니다. 만약 모함을 당했다 하더라도 전문성으로 극복할 수 있습니다. 사실에 근거한 명확한 전문적 견해 제시와 공식적인 절차대로 일을 진행하면 됩니다.

다시 말해 그들이 나를 모함한다고 해서 이를 정치적으로 대응하는 것은 바람직하지 않습니다. 품질에 대한 나의 집착이 과도할 수도 있지만, 품질을 무시한 채 일이 진행되지 않도록 공식적인 절차대로 일을 진행하면 됩니다.

마지막으로 '(나쁜 의미의) 사내 정치가 있다'라는 생각을 내려놓으시길 바랍니다. 영업팀장과 상무가 친하므로 본인을 압박한다는 생각을 버려야 합니다. 물론 같이 근무한 경험이 있는 두 사람이 더 친할 것이고, 그들이 새로 들어 온 나를 모함한다고 생각할 수도 있습니다.

하지만 이를 극복하는 방법은 정치적인 상황을 생각하지 않는 것입니다. 오직 일의 관점에서만 보세요. 결국, 일의 전문성을 갖고, 일의 관점에서 판단하는 사람만이 인정받고 성장합니다. 물론 경쟁자를 제거하거나 모함하는 권모술수가 사내 정치의 얼굴로 나타나는 경우가 많습니다. 이를 보고 '나는 굴러 들어온 돌이니 사내 정치의 패배자가 된다'는 생각은 갖지 않는 것이 좋습니다.

진정한 사내 정치는 조직의 큰 목표를 위해서 효율적으로 사내의 자원을 동원하고 조직 내부의 이해관계를 조정하는 것입니다.

사내 사적인 모임에
대처하는 방법

조직마다 조직문화가 다르고 특징이 다릅니다. 아무리 좋은 조건으로 입사하더라도 문화에 적응하기 힘들어 퇴사하는 일까지 있을 정도로 조직의 문화는 개인에게 여러 가지로 영향을 줍니다. 공적인 관계만이 중요할까요? 그렇다면 어디까지 업무 외의 관계에 신경을 써야 할까요?

EPISODE.

모 대기업은 매년 본부별로 단합 대회를 실시합니다. 인원이 많아서 특별히 다른 이벤트를 하기도 힘들고 역사가 오래된 기업인지라 연배가 높은 분들이 많다 보니 산행이 인기가 좋습니다. 단합 대회의 시기가 다가오자 본부장은 은근히 산행을 원합니다. 젊은 직원들 대부분은 산행을 싫어하지만, 그들의 의견을 용감하게 대변해주는 팀장은 없습니다. 단합 대회 실시를 위한 회의에서, 본부장의 오른팔 격인 상무가 나서서 단합 대회는 당연히 산행임을 주장하였고, 심지어 준비마저 팀장에게 지시하였습니다.

원래 경영지원팀에서 산행 관련 기본 준비를 해주지만, 그 이상의 여러 가지 준비까지 팀장에게 지시하였습니다. 본부장하고 상무는 그리 친한 것 같지도 않고, 심지어 업무에서 충돌하는 때도 종종 있는데, 산이라는 매개체가 그들을 엮어 주는 것 같습니다. 소문에는 주말 산행도 심심찮게 같이 간다고 합니다.

'(속마음) 뭐야, 맨날 싸우는 것 같아도 산행을 같이 하니까 서로 많이 챙겨주는군. 나도 같이 산행이라도 다녀야 하나? 결국, 나하고 우리 팀원들은 실무준비를 하느라 고생만 하고, 상무만 본부장에게 생색내고 말이야.'

💬 이럴 땐 이렇게 해보세요

주말 산행뿐만 아니라 골프, 테니스 등 업무 외 취미 활동은 개인의 선택입니다. 다만 공과 사의 구분에 앞서 상사와 충분한 이해와 신뢰가 형성되어 있는지 생각해 보세요. 가령, 서로 바쁜 일상이나 생각의 차이로 거리가 있다면 주말을 이용해 산행하거나, 같이 운동하는 것도 시도해볼 만합니다. 서로에 대한 이해의 폭이 넓어지는 계기가 될 것입니다. 사무실, 카페, 술집에서 같은 활동을 할 때가 더 자연스럽게 서로의 생각을 주고받게 되지 않을까요?

특히 팀장 이상 리더가 되었을 때 상사와 충분한 시간을 갖고 이해를 하는 것은 필요합니다. 일에 대한 문제점, 인력 관리에 대한 고충 등 다양한 고민을 나누는 기회가 됩니다. 다만 꼭 주말 등산을 통해서만 해야 한다는 의미는 아닙니다. 상사와 같은 취미를 통해 함께 활동하는 시간을 갖는 것도 팀장에게는 필요하다는 의미입니다.

나는 (   ) 팀장이다

사내 정치는 필연적으로 생길 수밖에 없는 일임을 늘 떠올리세요. 경쟁자를 제거하거나 조직 내의 권력을 쟁취하기 위한 음모나 권모술수와는 다릅니다. 또한, 사내 정치는 선택의 문제가 아니라 공정한 절차(정공법)의 문제임을 인식합니다. 앞서 살펴본 사례에서 자칫하면 '전무의 지시를 따라야 하나, 상무의 지시를 따라야 하나'로 고민하기 쉽습니다. 하지만 이는 두 선택 지 사이에서 선택을 해야 하는 문제가 아닙니다. 위험성을 내포하고 있는 선택지가 있음에도, 과연 이를 팀장이 따라야 할까요? 그런 위험성이 있다면 공론화를 통한 논의가 필요합니다.

마지막으로 조직 전체의 목표·가치와 부합하는 해결책을 선택해야 합니다. 팀장은 회사의 관점에서 일을 봐야 하는데, 여기에 주관적인 욕심이 개입되면 판단을 그르치게 되기 쉽습니다. 어떤 솔루션이 조직의 핵심 가치나 목표에 부합하는지 판단할 수 있는 객관적인 시야를 유지하는 것은 아주 중요합니다. 개인의 사익인지 혹은 회사에 도움이 되는 일인지 정도는 본인이 알 수 있습니다. 늘 자신의 마음을 객관화하고자 하는 노력이야말로 팀장의 필수 덕목이라 하겠습니다.

대한민국의 고생 많은 팀장들이 모두 잘 되길 기원하며

지난여름, 어느 토요일 아침 8시, 각자 백팩(Backpack)을 메고 대학로에 모인 사람들이 있습니다. 한 손에 커피를 들고 대화는 시작됩니다.

'팀장의 고민은 무엇일까?', '실제 사례를 찾아보자', '팀장 리더십에 정답이 있을까?', '그 상황에서 나라면 어떻게 했을까?'

팀장으로 경험을 가진 사람과 현역, 그리고 전문가로 활동하는 사람들이 모여 나눈 질문입니다. 수많은 질문과 대답이 오가는 과정을 통해 태어난 것이 바로 이 책입니다.

이 책의 저자들이 모인 출발선은 '고민과 걱정' 라인이었습니다. '완주할 수 있을까? 그것도 9명이 함께 뛰는 경주인데 어떻게 작업을 할까? 누구에게 도움이 될까? 차별점은 무엇이 될 수 있을까?' 하는 마음이었습니다.

그런데 만나는 토요일이 쌓여갈수록 멤버들은 친구가 되어 갑니다. 의견을 나누고 글로 표현하며 다시 수정하는 공동의 작업 자체가 팀장의 역할 체험이었습니다. '이 책을 통해 무엇을 얻었는가?'라는 질문에는 주저 없이 다음과 같이 대답할 것입니다.

"좋은 사람을 만났습니다. 함께 하는 시간이 즐겁고, 배우며 성장 (Growth)하는 과정이었습니다."

하지만 과정에서는 어려움이 많았습니다. 주말에 가족을 두고 나오는 마음은 무거웠고, 한여름 볕이 뜨거웠으며, 회의실을 찾아 서울 시내 곳곳을 옮겨 다니면서 커피숍과 식당을 토론의 장소로 활용하느라 힘겨웠습니다.

하지만 프로필 사진을 찍는 날, 우리는 형제자매가 된 기분을 느끼며 오래오래 함께할 것을 결의하며 이렇게 기원했습니다.

"이 책이 팀장의 리더십 발휘에 도움이 되고, 대한민국의 고생 많은 팀장들이 모두 잘 되게 해 주세요."

공동 저술이라는 시도에 적극적으로 참여하여 팀워크를 발휘한 멤버들이 자랑스럽습니다.

비로소 마지막 감사의 인사를 나눌 수 있어 기쁩니다. 집필하는 과정에 이해와 지원을 아끼지 않은 가족들에게, 그리고 기획, 편집, 출판에 애써 주신 플랜비 및 프렌즈들에게 감사드립니다.

참고문헌 ——————————————————————————————————————

- 마샬 골드스미스, Try Feedforward instead of feedback/www.marshallgoldsmith.com

- 《에너지버스》, 존 고든 지음, 쌤앤파커스, 109페이지

- 〈하버드비즈니스 리뷰(Harvard Business Review) 중 '공정한 프로세스(Fair Process)' By W. Chan Kim and Renee Mauborgne (2003)〉

- RACI 차트 (《DBR》 190호_2015년 12월 Issue 1)

- 《기브 앤드 테이크(Give & Take)》, 애덤 크랜트 지음, 생각연구소

- 《진짜 성과관리 PQ》, 송계전 지음, 좋은 땅

- 《7가지 보고의 원칙》, 남충희 지음, 황금사자

- 《프로이드의 의자》, 정도언 지음, 인플루엔셜

- 《구글이 목표를 달성하는 방식 OKR》, 크리스티나 워드케 지음, 박수성 번역, 한국경제신문

- 《조직과 리더십》, 북넷, 이상호 지음, 259페이지

- 〈SERI 경영 노트〉, 157호, 2페이지

- 《가짜회의 당장버려라》, 최익성 지음, 초록물고기

- 《7가지 보고의 원칙》, 남충희 지음, 황금사자

- 《평범한 팀장이 비범한 성과를 내개 하는 성과관리의 기술》, 로버트 바칼 지음, 유규창 옮김, 지식공작소

- 국립국어원 표준국어대사전 (stdict.korean.go.kr)